若杉友子の
毒消し料理

若杉友子 著

PARCO出版

まえがき

私たち人間は、赤い血液と体温と塩分をもった陽性な哺乳類です。その人間と同じ血液と体温をもっている牛や豚、鶏といった動物性食品を連食多食していると、血液は酸化現象を起こし、体にさまざまな炎症性の症状が現れ、深刻な病気へとつながっていきます。

人間の体には、肉のたんぱく質をアミノ酸に分解したり消化する機能や能力が備わっていないようなので、昔の人は長い歴史の中の経験から、ことわざを通して子孫に伝えていました。「鴨がねぎをしょってくる」などがそうです。これは、「肉を食べるときには、野菜がもってる薬味の酵素を一緒に食べよう」といっているのだと思います。ねぎ、にんにく、玉ねぎ、しょうが、トマト、じゃが芋、しいたけ、クレソン、レモン、コショウ、果物ならりんごなどを肉のつけ合わせにしていたら、病気になりにくいということです。

「大根どきの医者いらず」「みかんが熟れると医者が青くなる」ということわざもあります。魚を食べるときには、魚のたんぱく・脂肪分解酵素を含む大根、わさび、しょうが、みょうが、海藻、ふき、ごぼう、しそ、さんしょう、とうがらし、からし、柑橘類、野草、果物ならみかんを一緒に食べるとよく、これが取り合わせの極意だと教えているのです。

遠洋の魚には本わさび、近海ものにはしょうが、刺身にはツマ、アユにはたで酢、鯉こくにはごぼう、鯉のあらいには酢みそ、ハモには梅肉、ウナギにはさんしょう、エビ、カニ、カキには自然醸造酢と柑橘、鍋ものにはポン酢、これが日本料理の真髄というか極意です。

そして、フライや天ぷらに大根おろしと柑橘、おかゆに梅干し、白米めしにごま塩、大根おろし、梅干し、つきたて餅には大根おろしのからみ餅、そばにはねぎ、山芋、わさび、大根おろし、七味とうがらし（七味は先祖が考案した漢方薬です）。

この取り合わせは陰陽の調和がとれ、見事に理にかなっており、昔の人の頭のよさに「さすが」だと感じ入っています。肉魚のたんぱく・脂肪分解酵素のみならず、油の分解やでんぷんの消化剤などに、植物性の野菜の酵素をあますところなく、ふんだんに使いなさい、と安全な食べ方を昔の人が教えているからすごい。

現代人の食事は肉のたんぱく、卵のたんぱく、牛乳のたんぱく、魚のたんぱくのオンパレードで、体が悲鳴をあげているはず。ただでさえ忙しい、肝腎要の解毒排毒に働いている肝臓と腎臓が、大変な病気で打撃を受けて苦しんでいるからです。

高たんぱく・高脂肪・高カロリーな食べものを日々減らしながら、植物性で自然、質素、簡単な薬味料理を作って食べましょう。

二〇一七年三月吉日

若杉友子

目次

調理を始める前に

- 大さじ1は15㎖、小さじ1は5㎖、1カップは200㎖です。
- 食材は旬のもので、無農薬・無肥料のものが理想的です。
  調味料は、原料にこだわって、昔ながらの製法で作られたものを使用しましょう（P158を参照）。
- しょうゆは特に記載のない場合は、濃口しょうゆを使用しています。
- 食材を購入する際は、放射能の検査体制が整っている業者からの購入をオススメします
  （オススメの食品業者を巻末で紹介しています）。
- 放射能汚染が心配される地域で採取するものについては、測定所での放射能測定をオススメします。

食養の基礎理論　陰陽

毒消し料理は、食養のベースとなる陰陽のものさしがなくては説明できません。植物性の陽性のミネラル元素と陰性のミネラル元素の組み合わせのバランスで「中庸」にして、食事で健康体になることを教えています。

「陰」は拡散性と遠心性と上昇性のエネルギーで働き、カリウムが多くて体を冷やし、細胞や内臓、体をゆるめます。「陽」は収縮性と求心性と下降性のエネルギーで働き、ナトリウムが多くて体を温め、細胞や内臓、体が締まります。

陰と陽のバランスをとって「中庸」になると、病気がいつのまにか改善されていることに気づきます。食材の陰陽をおおまかな表にしたので、毒消しを考える際は、照らし合わせて見るとわかりやすいでしょう。具体的な食材の陰陽については、拙著『若杉ばあちゃんの伝えたい食養料理』（PARCO出版）を参考にしてください。

食材の陰陽

陰 ……………… 中庸 ……………… 陽

（冷やす・ゆるむ・広がる）　　（温める・締まる・縮む）

◆卵　◆肉　◆赤身魚　◆白身魚　◆川魚　◆穀物　◆大豆製品　◆日本の果物　◆南国の果物　◆砂糖

◆海藻　◆野草　◆薬味野菜

◆塩　◆みそ　◆しょうゆ　◆根菜　◆丸い野菜　◆葉もの　◆芋類　◆夏野菜　◆激辛食品　◆アルコール

体の中からきれいにする
毒消しの基本

体にたまった毒素が病気を作っている

毒素は血液に乗って全身をめぐる

1980年代くらいから、「一億総病人時代」といわれているように、大人から子どもまでが、なんらかの症状をもっています。

病気は原因があっての結果。原因はその人の食伝（家庭の食事による遺伝）と食歴であり、これまで食べてきたものによって体にため込んでいる毒素なのです。

この本では、体に長い間蓄積されているもの全般を毒素ということにしますが、毒素は血液に乗って全身をめぐり、出すべきところ、その人のいちばん悪いところに出ます。これを「排毒現象」といいます。

では、どんな食べものが体に毒素をためるのか？ これを知らずに食べているからこそ、病人が減らずに次々と増えているわけです。

肉は腸内に毒素を生み、肝臓や腎臓も弱める

体に毒素をためる食べものは、なんといっても動物性食品です。西欧人の腸に比べて日本人の腸は長いといわれていますが、この長い腸に肉が入ると消化が容易でないため、腸内腐敗が起こります。そのために多くの毒素が発生し、発がん性物質もつくられるのです。「府（内臓）」の中に「肉」が入って「腐」という字になりますが、腸に肉が入ると腐ることをこの字は教えています。

腸内が腐敗すると腸の動きが阻害されて便秘になり、それによってさらに腐敗した便が悪玉菌を増やし、腸内環境はますます悪化し、欧米型のように大腸がんになるのです（肉食が普遍化する前、日本人のがんの1位は胃がんでした）。

腸内でできた毒素は血液を汚し、それが全身に回って肺がん、大腸がんなどが引き起こされ、子宮がんや乳がんなど、女性たちにも増加しているのが現状です。

肉のたんぱく質は陽性のナトリウムや窒素をもっているため、アミノ酸に分解されて消化吸収されることがないようです。この未分解のたんぱく質を排出するために、肝臓や腎臓に過剰な負担がかかると思います。

分解されないたんぱく質はアレルギー反応を起こす原因にもなり、アトピー性皮膚炎や喘息、花粉症、アレルギー性結膜炎などの症状を引き起こします。

肉に含まれる脂肪も、肝臓に負担をかけます。また、腎臓には糸球体《しきゅうたい》という約100万個の球状のろ過装置があるのですが、肉の脂肪はこのろ過装置を目詰まりさせてしまい、腎臓の働きを阻害します。これが腎臓病に発展し、腎不全の人が人工透析をする結果となるのです。肝臓は解毒する臓器で、腎臓は毒素を排出する臓器。この二つの肝腎要が壊れると、体に毒がたまって病気は増加の一途をたどります。

肉の脂肪は酸化しているため、動脈硬化を起こしやすく、それが高血圧や脳梗塞、心筋梗塞などの原因にもなります。

特に注意したいのが、肝臓に中性脂肪やコレステロールがたまる脂肪肝です。動物性の脂肪は心臓を取り巻く冠状動脈にたまって、血栓が詰まると心筋梗塞になってしまいます。

寒い冬にトイレやお風呂で倒れる人が多くなり、亡くなられていますが、昔の日本人はごはん、みそ汁、漬物に野菜や野草、海藻の煮ものやおひたし、ごくたまに魚といった食事をしていたので、そんな病気はしていません。栄養学が入ってきて以来、肉や卵、牛乳、魚、乳製品をたくさんとり、動物性たんぱくと脂肪の摂取が多くなったのが大きな原因です。

卵はコレステロールの王様で、動脈硬化の原因に

卵はビッグビジネスです。現代人で卵を食べていない人は、まずおりません。今の養鶏は、何千羽何万羽の単位で24時間電気の光を浴びさせ、温度管理、病気の管理、餌の管理を無人で行って鶏を飼っています。しかも、産まれた卵は無精卵です。

平飼いの鶏が産んだ有精卵ならいいだろうと思うかもしれませんが、卵は「コレステロールの王様」といわれ、心筋梗塞、動脈硬化を引き起こします。卵や牛の脂肪が心臓にたまる人は鼻が赤く、鼻のまわりに脂が浮いて、毛穴が広がっています。毛穴をつぶすと白い脂肪がにゅるっと出る人は、卵や肉の脂が相当たまっています。

脂肪は関節やひじ、ひざにもたまりやすく、神経痛やリウマチ、関節炎の原因にもなります。

卵にはたんぱく質、脂肪、リン窒素、硫黄が多く含まれ、肉と同様の毒素が体内で発生し、同様のリスクが生じます。三大アレルゲンの一つですが、卵による皮膚炎は、皮膚がカサカサになるのが特徴です。

魚の多食は腎臓や膀胱、前立腺の病気につながる

魚にもたんぱく質と脂肪が多く含まれているので、体に毒素をためれば病気に発展します。けれど

牛や豚、鶏と違って海の冷たい水の中で、水圧がかかる状態で生育するため、肉ほど陽性ではありません。日本人は昔から魚を食べてきた民族なので、安全な食べ方も工夫されてきました。

魚の種類も遠海魚、近海魚、深海魚、川魚などがあります。マグロやカツオのような赤身の魚のほうが、タラ、ヒラメ、タイといった白身の魚やアユ、マス、ヤマメといった川魚に比べてかなり陽性で、体への負担は大きく、イルカやクジラはもう肉並みに陽性で体に害が出ます。深海魚もとても陽性です。

食べて最も血液を汚し、毒素を発生させるのが、魚の干物です。アジやイワシ、ホッケ、シシャモ、ちりめんジャコ、煮干しなどですが、これらは日に当たることでたんぱく質と脂肪が酸化して、過酸化脂質が増加しています。過酸化脂質は血管にたまり、動脈硬化や血栓の原因となり、がん発症のリスクを高めます。

魚を食べるといっても昔の人は少量であったのに、今は大量に摂取して大病になっている人が大勢います。腎臓や膀胱《ぼうこう》、前立腺の病気、子宮筋腫、白内障の患者は、ほとんど魚をたくさん食べてきた人です。

魚の害は頭や背中、手の末端、足に出るのが特徴です。足がつる、ひざに水がたまる、アキレス腱を切る、魚《うお》の目やイボ、タコができるのは、ほぼ魚のとりすぎが原因と考えられます。右足を振り続けて動かしている人（貧乏ゆすり）や高齢者の認知症の徘徊も、魚の多食に起因しているのです。

砂糖は血を溶かし、細胞をゆるめ、万病の元に

みなさんが大好きな砂糖は血をメラメラと溶かす溶血性食品です。やめられない人はニコチン依存症やアルコール使用障害、薬物依存症と変わらず、砂糖が切れるとイライラしたり、甘いものを食べ

ないと体が落ち着かなかったり、禁断症状が起こります。これは、砂糖依存症なのです。

砂糖は化学薬品のようなもの。精製の過程で石灰や炭酸、亜硫酸ガス、ホウ酸塩、塩素などが使われ、ミネラルやビタミンはありません。

赤血球に砂糖水をかけると溶けていくことが確認されており、甘い菓子に大量に使われる砂糖が貧血を招き、再生不良性貧血になる人さえ出てきます。脳細胞は破壊され、物忘れや認知症、頭痛の原因にもなります。

砂糖で血液がゆるみ、細胞も内臓も血管もゆるんで、全身がゆるみます。胃がゆるめば胃下垂、腸がゆるめば便を出す力がなくなって便秘症、膀胱がゆるめば尿もれや失禁、子宮がゆるめば生理痛や不妊症、子宮脱、セックスレスの原因にもなり、血管がゆるめば低血圧に。筋肉がゆるめば筋無力症です。

美容面ではソバカスができたり、皮膚がゆるんで肌のハリがなくなってたるんだり、ほうれい線が出たり、シワが多くなったりし、胸やお尻、二の腕がたれてきます。

砂糖は血を溶かし、血を悪質化して、骨のカルシウムを奪うため、虫歯や骨折、精神不安が起こり、ビタミンB_1不足によって疲れがたまり、ストレスがたまり、うつやめまい、記憶力低下も起こします。

砂糖をとれば、また砂糖が欲しくなるように体はできています。砂糖は血糖値を急上昇させますが、インスリンというホルモンが出て血糖値を下降させます。そのとき、下がりすぎるので、低血糖になり、また甘いものが欲しくなるというわけです。このホルモンは心拍数や血圧も上げ、アドレナリンという攻撃性を高める物質が分泌されて、暴力的になったりもします。

砂糖は中性脂肪に変わりやすいので、これが血管にたまると脂質異常症になって動脈硬化につながり、肝臓にたまれば肝炎や肝硬変、肝臓がんとなります。

砂糖は西洋菓子、和菓子、料理、加工食品にどっさり入っています。肉、卵、牛乳、魚とともに砂糖を使って料理していると、中性脂肪となって脳の血管に行き、脳動脈硬化症を起こし、寒い時期に血圧が高くなったときに心筋梗塞や脳出血で倒れるのです。動脈硬化が怖いのは、血管がもろくなって切れたときの突然死です。

肉と砂糖は百害あって一利なしですから、どちらもやめればいろいろな病気から抜け出すことができます。

油は血液を汚し、血管にたまって動脈硬化に

野菜のおかずといえば煮ものやおひたし、漬物が定番だったのは過去の話で、油炒めや揚げもの、ドレッシングたっぷりのサラダなどが毎日のように食卓に上ります。魚料理も、昔は焼くか煮るか刺身でしたが、今はムニエルにしたりフライにしたりして、油やバターを使う料理が当たり前になっています。この油は血液を汚し、血管にたまって血管壁をいため、動脈硬化を引き起こす原因となります。

植物性の油は加熱すると酸化して過酸化脂質となるのですが、これはＤＮＡや染色体を傷つけます。これを防ぐには酸化しにくい油を使うこと、油の毒消しになるものを一緒に食べること、なにより油の摂取量を減らすこと、食べる頻度を抑えることが重要です。

油のなかで酸化しにくいのは、ごま油と菜種油、椿油、えごま油です。私は料理にこれら以外の油は使いません。さまざまな油のブームに乗ることなく、昔ながらの製法にこだわって作られた良質なものを選ぶだけです。

炒めものや炒め煮に使う油は少量を心がけ、揚げものに使った揚げ油をまた使うことはしません。

フライパンに高さ1cmの油を入れて、一回の揚げもので使いきります。天ぷらに比べて油を吸う量が多いフライは、ごくたまのごちそうとし、めったに作りません。天ぷらも衣を箸でしごいて、油の摂取が少なくなるように工夫しています（油の毒消しになる食材については後述します）。

動物性の脂肪は体の中で溶けませんが、植物性の加熱した油も溶けにくいので、揚げものは揚げたてが大事です。時間がたった揚げものは要注意です。

油の問題でつけ加えるならば、遺伝子組み換え食品の害があげられます。日本に出回っている油の70％以上が遺伝子組み換え食品で、特に加工食品に使われている油はほとんど遺伝子組み換えになっています。日本人は家族の健康を守るために、そろそろ油料理を控えたり減らしたりしたほうがよさそうです。

昔からの「食べ合わせ」が毒消しのヒント

体に負担な食べものには、負担を軽減する食材がある

静岡で自然食品店を営んでいた頃、私のうわさを聞いた焼津（静岡県中部）の漁師が、「わしは毎日魚を食べているが、どこも病気はしておらん」といきなりやってきました。その人に、「大根を毎日たくさん食べているのではないですか？」と聞くと、「うちのばあさんが畑で大根を作っており、毎日大根おろしを茶碗一杯食べるし、大根料理も欠かさず食べてるから、家族に病人はいねえよ」と

大きな声で話していました。

その人に、魚に大根を取り合わせ・つけ合わせていて、理にかなった食べ方をしているので、病気にならないことを話したら、とても納得して帰っていきました。

このように、体に負担をかける食べものには、その負担を軽減する毒消し食材が存在し、昔の人はそれを有効に活用して安全に食べてきたものです。それが、「つけ合わせ・取り合わせ・食べ合わせ」です。

毒消し食材一覧表

肉・卵

玉ねぎ
ねぎ類
にら
しょうが
にんにく
きのこ
とうがらし
じゃが芋
トマト
ピーマン
レタス
りんご
みつば

魚介

大根
しょうが
わさび
青じそ
しその実
みょうが
さんしょう
ごぼう
ふき、せり
海藻
柑橘類
梅干し
酢

砂糖

梅干し
梅酢
梅干しの黒焼き

油

大根おろし
柑橘類
野草

過去に食べて体にためている毒素も排泄できる

西欧の伝統料理では、必ず肉や卵のたんぱく質と脂肪を分解する玉ねぎやねぎ類、にら、しょうが、にんにく、きのこ、とうがらし、レタス、じゃが芋、トマト、ピーマン、りんごを使います。卵の場合は、特ににらとしいたけが早く有効に働きます。

日本の伝統食では、魚介のたんぱく質と脂肪を分解する大根やしょうが、わさび、青じそやしその実、みょうが、さんしょう、ごぼう、ふき、海藻、柑橘類、梅干し、酢のものが食べ合わせに使われてきました。

砂糖の毒消しには、解毒作用の強い梅干しを使い、その製造過程でできる梅酢も使います。梅干しを炭状にした極陽性の黒焼きなら、もっと大きな効力を発揮します。

油の毒消しになるのは、昔から天ぷらに添えられてきた大根おろしと柑橘類。よもぎをはじめ、さまざまな野草も油の毒消しとして働きます。

毒消し食材の特徴とそれらを使ったオススメ料理をあとのページに掲載していますので、動物性食品や砂糖、油ものをとるときには、必ず一緒に食べ合わせてください。

そして、今は肉を食べていない、魚を食べていないという人も、油ものに気をつけている人も、砂糖をやめている人も、毒消し料理を毎日の食事に一品でも取り入れてほしいのです。

毒消し料理を食べていると、これまで食べてきて体にたまった毒素が日々尿や便、汗に出て、体の外に排泄されます。過去にとった食べものの毒が消され、体のメンテナンスがなされて、体の内側かられいになろうと本能が自然に働きます。一日早ければ得をし、一日遅ければ損をするから、今すぐにでも体の建て替え・立て直しを始めましょう。

毒消しの消化剤として野菜の酵素が薬味として多く使われますが、これは私たち日本人の先祖たちが厳しい時代の中でさまざまな経験を積んで構築してきた素晴らしい知恵の結晶です。古きをたずねて新しきを知る「温故知新」なのです。

毒消し料理は病気になってから食べるのではなく、常日頃から食べるように心がけたいもの。そういう生活をしていると、病気知らずの体になっていくはずです。

簡単！おいしい！効果抜群！

毒消し料理53種

肉と卵の毒消し料理

玉ねぎ　肉の普及とともに広まった

玉ねぎが日本で栽培されるようになったのは、明治の文明開化以降のこと。「ライスカレー」「すき焼き」「ステーキ」という言葉がはやり、肉の普及とともに玉ねぎが生産されるようになったのです。

なるほど玉ねぎのすりおろしの中に肉を漬けると柔らかくなる。トマトにはさむと肉が柔らかくなる。肉と玉ねぎ、じゃが芋を煮ると肉が柔らかくなる。肉のたんぱく・脂肪分解酵素として働くので、玉ねぎ、トマト、じゃが芋、ピーマンが日本に一年中出回るようになり、今では全国津々浦々どこへ行っても玉ねぎとナス科の野菜を売っていないところがありません（ナス科は亜熱帯産のもので陰性が強いため、要注意です）。

戦後、「人間の体はたんぱく質でできているから、たんぱくをとれ」といわれて以来、高たんぱく・高脂肪・高カロリーに走り、あれから70年の月日が流れました。その結果日本人の血液は悪質化・酸毒化（血液が汚れ、酸性に傾いた状態）し、そして老若男女の健康は今どうでしょうか。

体に現れる症状の対症療法により、熱に解熱剤、出血に止血剤、便秘に下剤、咳には咳止め、皮膚病に塗り薬、不眠に睡眠薬と、薬に頼り、右往左往して生きているのが現状です。

病気が悪いのではありません。病気は自分が食べたものでつくられているから、悪いのは食歴です。私たちの体には生命力、自然治癒力、抵抗力、免疫力、回復力が備わっています。これは、人間がもって生まれた本能です。だから、体をよくする元はその人の血液であり、血液の元は食物なのです。

玉ねぎの素焼き

炭火焼きにすると玉ねぎのうま味と甘みが凝縮し、命と体が喜ぶ！
塩と柑橘だけで食べるのが絶品です。

材料（4人分）

玉ねぎ……1個（150g）
塩……少々
柑橘類のしぼり汁……適量

作り方

1 炭をおこして七輪に入れ、焼き網をのせて温める（ガスコンロで焼き網を温めてもよい）。

2 玉ねぎは厚さ1cmの輪切りにし、切り口に塩をのせ、指を右回転で回しながら塩をなすりつける（塩をつけるのは上の面のみ）。

3 塩のついたほうを上にして焼き網にのせ、両面をこんがりと焼く。

4 皿にとり、ゆずやすだちなど柑橘のしぼり汁をちょっとふりかけて食べる。

若杉ばあちゃんからもう一言

＊塩をつけずに焼いた玉ねぎを、しょうがじょうゆにつけるのもオススメです。

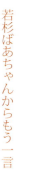

玉ねぎのみそ炒め

玉ねぎを
じっくり気長に炒め
みそで
味つけしただけなのに
なぜどうして
こんなにおいしいの
という一品。

玉ねぎ

材料（作りやすい分量）

玉ねぎ……小2個（260g）
ごま油……小さじ1
塩……少々（2本指でつまむ）
みそ……50g

作り方

1 玉ねぎは厚さ2mmの回し切りにする。回し切りは、まず玉ねぎを縦に4等分し、切り口を下にしてまな板に置き、放射状にくし形に切っていく（左写真を参照）。

2 厚手のフライパン（あれば鋳物製）または炒められる土鍋を中火で熱し、ごま油を回して玉ねぎを入れる。すぐに塩をふり、菜箸を右回転で回して混ぜる。

3 ときどき右回転で混ぜて上下を返し、気長に炒める。

4 玉ねぎがしんなりして透き通ってきたら、みその半量を加え、右回転で混ぜてから少し煮る。仕上げに残りのみそを加えて同様に混ぜて火を止める。

若杉ばあちゃんからもう一言

＊忙しくかき混ぜて炒めると、玉ねぎから水分が出て陰性に仕上がり、うまさ半減。

玉ねぎとにら、しいたけの炒めもの

肉と卵の毒消しになる食材を合わせて効果倍増です。

材料（作りやすい分量）

玉ねぎ……小1個（130g）
にら……50g
生しいたけ……3個（60g）
ごま油……小さじ1
塩……小さじ½
コショウ……少々
酒……小さじ2

作り方

1 玉ねぎは厚さ約7㎜の回し切りにする。回し切りの仕方はP22の「玉ねぎのみそ炒め」の作り方1を参照。

2 にらは長さ約7㎝に切る。しいたけは石づきを切り落とし、軸を切り離す。かさを伏せてまな板に置き、回しながらそぎ切りにする。軸の太いものは縦半分に切っておく。

3 厚手のフライパン（あれば鋳物製）を中火で熱し、ごま油を入れ、玉ねぎを入れる。すぐに塩少々（分量外）をふり、右回転でザッと混ぜ、ときどき混ぜながら炒める。

4 玉ねぎに火が通ったら2のしいたけのかさも軸も入れ、塩少々（分量外）をふって右回転で混ぜて炒める。

5 にらを加え、塩少々（分量外）をふって右回転で混ぜ、酒を加えて同様に混ぜ、分量の塩をふって混ぜたらコショウをふって仕上げる。

若杉ばあちゃんからもう一言

＊2本指で極少量の塩を、食材を入れるたびにふり、右回転で混ぜるのはおいしくなーれのおまじない。陰性な食材に陽性な塩と右回転のエネルギーの気が入るから、料理がグッとおいしくなります。

玉ねぎときゅうりの酢みそあえ

暑い夏に
解毒に働く肝臓が
疲れ果てたときに
食べたい一品。

材料（作りやすい分量）

玉ねぎ……½個（70g）
きゅうり
……3本（230g）
青じそ……5枚
塩（玉ねぎの塩もみ用）
……小さじ½
塩（長いままのきゅうりの
塩もみ用）……少々
（2本指でつまむ）×3
塩（切ったきゅうりの
塩もみ用）……小さじ1
酢みそ
洗い金ごま
……大さじ2
みりん
……大さじ1と½
酢……大さじ2
みそ……20g

作り方

1 玉ねぎは薄くくし形にスライス、きゅうりはそのまま、いずれも塩もみしてしばらくおく。

2 きゅうりを洗って上下を小さく切り落とし、上（陰）の切れ端を下側（陽）の切り口につけ、クルクルとなでつけて泡を出す。下（陽）の切れ端は上側（陰）の切り口にこすりつけ、泡を出して上下とも洗い流す（切り口を陰陽にしてこするとアクがよく出る）。これを斜め薄切りにし、塩もみしておく。

3 酢みそを作る。小鍋（あれば土鍋の片手鍋）にみりんを入れて中火にかける。沸騰してアルコール臭さが飛び、甘い香りに変わったら酢を加え、すぐ火を止める。

4 別の小鍋を中火にかけ、十分熱したら洗い金ごまを入れる。鍋をゆすりながらいり、パチパチとはぜてきたら、ごまのいり具合を確認してすり鉢に入れる。

5 4をすりこぎで8割方すり、みそを加えてすり混ぜ、3を加えてさらにすり混ぜる。みそだれのできあがり。

6 玉ねぎはアクが出ているので洗ってから水気をしっかりしぼり、きゅうりはそのままギュッとしぼって5に加え、手を右回転で回してしっかりあえる。

7 青じそをせん切りにし、6に加えてザッと混ぜる。

ねぎ類

鶏肉のたんぱく・脂肪を分解

「鴨がねぎをしょってくる」といいますが、昔の人は、ねぎの酵素が鶏のたんぱく・脂肪の分解酵素として働くことを知っていたのだと思います。

ねぎの串焼き、すき焼きにねぎ。韓国の焼肉のタレにもにんにく、しょうが、ねぎ、とうがらし、りんごが入り、中国料理の北京ダックもねぎを巻いて食べています。昔の人は薬味の使い方を生活の知恵で知っていたから、立派です。

現代人が生まれてこのかた、ブロイラーを何百羽食べているのかは神のみぞ知る。昔は年に3回くらい、卵を産めなくなった鶏に手を合わせてつぶして、近所に少しずつおすそ分けしてから家族みんなでいただいたものです。

「庭には2羽ニワトリがいた」という言葉遊びがあります。当時の鶏は餌がよかったから、肉は赤く身は締まり、味はおいしくて、炊き込みめしや野菜どっさりのごった汁、煮もの、鍋ものに入れると、少しの肉でもだしが効いて満足したものです。

今のブロイラーは、身が白く水っぽくてぶよぶよの脂肪太り。だから調味料と油でごまかし、ギトギトになっているので、相当のねぎを取り合わせて食べないと肝臓に負担をかけてしまいます。

鶏の足が蛇のうろこに似ているのは、爬虫類から進化しているからです。肉を食べた人にはその食性が本性に現れるのですが、鶏は気性が激しくて闘鶏も行われるくらいだから、食べた人は荒々しく攻撃的になり、いつも問題を起こすトラブルメーカーになりやすいからご用心。

体に蓄積された鶏の毒素は、手の筋肉や関節にたまってリウマチの原因になります。ひどくなるとかたまってから元に戻らなくなって、曲がったままになり、鶏の足のような形になってしまいます。毎日ねぎ類をとったり薬味料理を食べて、動物性食品を慎みましょう。痛みもラクになって、自然に改善されていきます。

肉と卵の毒消し料理

ねぎじょうゆ

過去に動物性のたんぱくがたっぷり体に入っていたら
これだけでもごはんが進みます。
シンプルすぎるのに、ホントにおいしい！

材料（作りやすい分量）

青ねぎ……1束（100g）
塩……少々
（2本指でつまむ）
板のり……2枚
しょうゆ……70㎖
ごま油……小さじ1/2

作り方

1 青ねぎは先端1/4を切り落として除き、薄い小口切りにして、塩をふって軽くもんでしんなりさせる。

2 板のりはあぶってちぎり、器に入れて1のねぎを加える。

3 2にしょうゆを加えてあえ、ごま油をふって混ぜる。

若杉ばあちゃんからもう一言

＊野菜の先端はとても陰性が強く、有害物質が集まる部分なので、切り落とします。のりは焼きのりであっても、あぶって湿気を飛ばし、パリパリにしてからちぎること。こののりがだしとなり、いい味を出すのです。

ねぎ類

ねぎのぬた

野菜や魚介を酢みそであえた料理を「ぬた」といいますが、肝臓にコレステロールのたまった脂肪肝の人に特にオススメ。ねぎによる肉の毒消し効果、酢による脂肪燃焼もこうご期待。

材料（作りやすい分量）

青ねぎ……150g
塩……大さじ1
酢みそ
　洗い金ごま……大さじ2
　みりん……大さじ1と½
　酢……大さじ2
　みそ……20g

作り方

1 青ねぎは陰性な先端¼を切り落として除く。
2 鍋に1ℓ弱の湯をわかし、塩を加えて1のねぎを入れ、サッとゆでる。
3 1をザルにあげ、手早く水洗いして再度ザルにあげる。
4 酢みそはP26の「玉ねぎときゅうりの酢みそあえ」の作り方3〜5を参照して作る。
5 2のねぎを長さ3〜4cmに切り、水気をしぼって4に加え、手を右回転で回してあえる。

若杉ばあちゃんからもう一言
＊ねぎには酵素があるのでサッとゆでるだけでよい。さまざまな素材がぬたになりますが、天然のあさつきやにら、のびるでも同様に作れます。

ねぎの素焼き

ブツ切りのねぎに少しの塩をつけ、炭火で焼くだけ。七輪で焼くとガス火では味わえない、えもいわれぬ甘みが絶品！炭火は赤く燃えて陽性、ガス火は青く燃えて陰性。

材料（作りやすい分量）

ねぎ……2本
塩……少々
（2本指でつまむ）×2
生わさびのすりおろし……小さじ½
しょうゆ……小さじ1

作り方

1 炭をおこして七輪に入れ、焼き網をのせて温める（ガスコンロで焼き網を温めてもよい）。
2 ねぎは先端の青い部分をほとんど切り落として除いてから、まな板に置いて少しの塩をふり、両手でゴロゴロと軽く転がして塩をなじませる（先に塩をふらずに、焼けてからふるのでもよい）。
3 2を長さ5㎝に切り、1の焼き網にのせて焼く。
4 両面に焦げ目がつくまでじっくりと焼いたら皿にとり、わさびじょうゆをつけて食べるもよし、ポン酢もよし。

若杉ばあちゃんからもう一言

＊ねぎは陰性な青い部分をほんの少し使うだけにし、主に白い部分を焼いてください。塩、コショウだけでもおいしいですし、塩プラス柑橘のしぼり汁もイケます。ねぎの素焼きの南蛮漬けも肝臓の薬になり、デトックス効果バツグン！

生ねぎみそ

ねぎの
たんぱく質分解酵素が働いて
肉や卵の毒消しに
ダントツの効果を発揮。
ごはんのお供に最高。

ねぎみそ

ねぎを炒めてから
みそを混ぜるタイプのねぎみそ。
じっくりと炒めて、
ねぎの甘みを十分引き出してから
みそを入れましょう。

ねぎみそ

材料（作りやすい分量）

ねぎ……220g
ごま油……小さじ1
みそ……50g
塩……少々
（2本指でつまむ）

作り方

1 ねぎは先端の青い部分をほとんど切り落として除き、白い部分を厚さ3㎜の小口切りにする。

2 鍋（あれば炒められる土鍋）を中火で熱し、ごま油を回して1のねぎを入れる。すぐに塩をふり、菜箸を右回転で回して混ぜる。

3 ときどき混ぜながら、気長に炒める。

4 ねぎがしんなりしたらみそを加え、全体にみそがなじんだら、火を止める。

生ねぎみそ

材料（作りやすい分量）

青ねぎ……1束（100g）
塩……少々
（2本指でつまむ）
みそ……75g

作り方

1 青ねぎは陰性な先端¼を切り落として除き、薄い小口切りにする。

2 1に塩をふって、手で軽くあえる。

3 ねぎがしんなりしたら、みそを加えて混ぜる。

若杉ばあちゃんからもう一言

＊発酵して熟成したみそは、大変陽性な食薬という薬です。ただし、天然自然に発酵したみそのことです。

にら　アレルギーを引き起こす卵の毒を消す

私が子どもの頃、どこの家も鶏の4、5羽を飼っていたものです。菜っ葉と水と糠《ぬか》だけをかき混ぜて餌にしていましたが、よく卵を産んでいました。病人の見舞い用に買いに来る人がいたので、どこの家でも現金収入となっていました。

昔は卵を食べる習慣がないので、食べないのが当たり前でした。ところが現代人はどうなんでしょう。生まれてから今日まで、食べた卵は何千個、何万個ではないですか。目玉焼き、厚焼き卵、茶碗蒸し、ゆで卵、温泉卵、オムレツ、ケーキ類、カステラ、バウムクーヘン、その他の菓子類、お好み焼き、すき焼き、月見うどん、おでん、天ぷらの衣、鍋もの、卵かけごはん、卵入り納豆、マヨネーズ、練り製品、パン、めん類、と数えあげたらきりがないほど、卵のオンパレードです。

一人一日1個食べると、一年で365個の計算になります。しかしみなさんもご存知のように子どもたちは、動物性のたんぱく質によるアレルギー、アトピー性皮膚炎を起こしているでしょう。これは食源病。その原因は卵なのです。陽性な子どもに陽性な卵を食べさせるのは、危険といわざるをえません。卵の取り合わせにいいのはにらや生しいたけです。でも、卵を与えないほうが子どものためです。

アレルギー性鼻炎やアトピー性皮膚炎は、動物性たんぱく質の害で炎症を起こしているので、動物性食品の摂取は厳禁。その症状への対策は、体質改善を促す野菜の酵素です。なるべくにらや生しいたけを料理するか、この本で紹介している薬味料理を作って食べさせてあげてください。

過去にとった古いたんぱく質は毒素となるのですが、その毒素をため込むのはよくありません。体から症状を出す子どもは、毒素を出す力があるからいいのです。むしろ出ていることを、子どもに教えてやれる親はえらいのです。

薬で止めてしまうと、毒素が潜伏してかえって悪い結果となるので、「臭いものにはふたをしろ」ではなく、そんなときは動物性たんぱく質をやめて、悪いものは元から断ちましょう。

肉と卵の毒消し料理

にらのごまじょうゆ

にらを刻んでしょうゆとごま油に漬け込んでかき混ぜておくだけの超簡単な常備菜です。卵の毒を消してくれる絶好のおかず。

材料（作りやすい分量）

にら……1束（100g）
しょうゆ……50㎖
薄口しょうゆ……50㎖
ごま油……小さじ1

作り方

1 にらは陰性な先端¼を切り落として除き、5㎜幅に切る。

2 器や口の小さな保存容器に1のにらを入れ、しょうゆと薄口しょうゆ、ごま油を加えて混ぜる。

※あえてからしばらくおき、にらに調味料がなじんだら食べられるが、密閉しておけば室温で保存して20日から1か月は食べられる。

若杉ばあちゃんからもう一言

＊ごま油は時間がたつと酸化するので、1か月のうちに食べきるくらいの量を作ってください。好みで梅酢を少し加えてもいいでしょう。

にらのチヂミ

にらをドッサリ入れた卵なしのチヂミです。卵をいっぱい食べてきた人は喜ぶでしょう。過去に食べてきた卵のたんぱくを消しましょう。

にら

材料（3枚分）

にら……3束（300g）
小麦粉……100g
米粉……100g
葛粉……50g
塩……小さじ½
水……380㎖
ごま油……小さじ1強

ポン酢（チヂミ用）
酢……小さじ1
しょうゆ……小さじ1
柑橘類（すだち、かぼす、ゆず、だいだいなど）のしぼり汁……小さじ1
ラー油……数滴

作り方

1 にらは陰性な先端¼を切り落として除き、長さ3㎝に切る。

2 ボウルに小麦粉と米粉、葛粉、塩を入れて混ぜ、水を注いで混ぜたら5分ほどおく。葛粉が溶けたら空気を入れるようによく混ぜ合わせ、1のにらを加えて右回転で混ぜる。

3 厚手のフライパン（あれば鋳物製）を中火にかけ、カンカンに熱してからごま油を回す。そこに2の生地の⅓量を入れ、薄くのばして中火のまま焼く。

4 七分通り焼けたら裏返し、上からへらでギューッと押さえて焼き、焦げ目をつける。こんがりと焼けたら皿にとり、あと2枚も同様に焼く。

5 ポン酢の材料を混ぜ合わせ、チヂミに添える。

若杉ばあちゃんからもう一言

＊七分通り焼けるまで、絶対触らない！これがチヂミを上手に焼くコツです。ラー油は、ミニフライパンでごま油にサッと火を通し、七味とうがらしを加えれば、簡単に手作りできます。小びんで保存し、油の酸化を考えて早めに使いきること。

にらと焼きしいたけの吸いもの

にらもしいたけも肉と卵の両方の毒消しになるので、ダブルで効果が期待できる吸いものです。

肉と卵の毒消し料理

材料（4人分）

にら……45g
生しいたけ……3個
昆布だし汁（左記）……4カップ
しょうゆ……大さじ1
薄口しょうゆ……大さじ2
塩……小さじ1と1/2

作り方

1 にらは陰性な先端1/4を切り落として除き、長さ4cmに切る。

2 しいたけはP48の「しいたけの素焼き」を参照して焼き（切り込みを入れず、塩をすり込まない）、薄切りにする。

3 鍋（あれば土鍋）に昆布だし汁を入れて火にかけ、わいたらしいたけを加える。

4 小鍋（あれば土鍋の片手鍋）にしょうゆと薄口しょうゆを入れて煮立てる。

5 3ににらを入れ、すぐに4と塩を加えて火を止める（にらはサッと火を通す程度）。

若杉ばあちゃんからもう一言

＊しょうゆと薄口しょうゆの両方を使うとうま味が増し、煮じょうゆで味つけするとグッとコクが出て味が深まります。

昆布だし汁

材料（基本の分量）

昆布……5×8cm
水……3カップ

作り方

1 土鍋に昆布と水を入れ、3時間以上つけておく（金属の鍋でないほうが、おいしいだしがとれる）。

2 1を中火にかけ、煮立つ寸前で昆布を取り出す。

しいたけ

極陰性が肉や卵の陽性の毒を消す

しいたけにはおもしろい話があります。

静岡時代、月に一度体や食べものの陰陽講座をやっていたときのこと。だんなさんが若い女性をつくって、悩んでいる奥さんがいました。そのとき、だんなさんに干ししいたけを煮出したスープや、生しいたけを使った料理を作って食べさせるように指導したのですが、だんだんと女性のところに行く回数が減り、そのうちその女性と別れてしまったそうです。

「しいたけの力ってすごいんですね。ありがとうございました」と奥さんが言ったから一言、「これ以上しいたけを食べさせると、夜の生活がなくなるよ」と教えたものです。そのくらい、生しいたけは極陰性なのです。けれど、そのしいたけがもっている極陰性があるからこそ、極陽性の肉や卵の毒消しとして働くわけです。

きのこ類は暗い湿気のあるところで人工的に育てられていて陰性が強いため、元気な人が少しくらい食べるには心配ないけれど、陰性な人（貧血・冷え性・低体温の人など）は厳禁です。やはり、しいたけなどのきのこ類を食べている人はとても陰性で、性格も暗い傾向にあるように思います。

血圧の高い人は、5カップの水に干ししいたけ5個、大根の輪切りを2枚入れて中火にかけ、ふたをしないで八分目まで煮飛ばし、大さじ1杯くらいのしょうゆを入れて、空腹のときに飲むと血圧が下がります。家庭で手軽に作れて、安全な血圧降下剤です。

ただし、これを飲むのは血圧の高いときだけにすること。いつでも飲んでいると、陰性になるので気をつけてください。

しいたけの素焼き

調理の火には陰陽があります。炭火は最も陽性。
電気製品、電磁調理器、電子レンジは極陰性。
陽性な火を使えば陽性な料理になる。陰性な火を使えば陰性な料理になる。
極陰性の生しいたけは炭火で焼くのがいちばんです。

材料（4人分）

生しいたけ……4個
塩……少々
（2本指でつまむ）×4
柑橘類……適量

作り方

1 炭をおこして七輪に入れ、焼き網をのせて温める（ガスコンロで焼き網を温めてもよい）。
2 生しいたけは軸を切り落とし、表面に十文字の切り込みを入れる。
3 十文字部分に塩をすり込み、かさを伏せて焼き網にのせ、両面をこんがりと焼く。
4 皿にとって柑橘のしぼり汁をふりかけ、全体に塩少々（分量外）をふる。

若杉ばあちゃんからもう一言
＊焼く前に塩をしいたけの十文字の切り込み部分に少しだけすり入れる。生しいたけの陰性が、焦げと塩の陽性でバランスをとり、おいしくなります。

にんにく　肉のたんぱく質を分解し、消化を促す

韓国の焼肉はにんにくたっぷりのタレに肉を漬け込んで柔らかくしますが、これはにんにくの酵素が肉のたんぱく質を分解するからです。

日本では肉を食べる習慣がほとんどなかったので、私が子どもの頃、村人たちは畑ににんにくを植えていなかったし、どこの家の台所にもにんにくのかけらもありませんでした。本来、和食ににんにくは考えられません。

時代が変われば食事も変わるもので、現代の日本人で肉を食べていない人はほとんどいないでしょう。ここまで肉食が日本中に蔓延したのだから、たんぱく質の消化を促し、肉の毒消しとして働くにんにくを使わない手はないでしょう。

日頃からチャーハンやパスタに薬味として入れ、体の中の毒消しにつとめるというわけなのです。うちでよく作っていたのは、「貧乏チャーハン」と「貧乏パスタ」です。「貧乏チャーハン」は、刻んだにんにく、しょうが、玉ねぎと、ねぎまたはあさつき

というように、たっぷりの薬味オンリーで作ります。熱した鉄の中華鍋にごま油を入れ、手早くにんにくとしょうが、玉ねぎを入れて炒め、ねぎを散らし、温かいごはんを入れ、混ぜながら鍋を上下にふり、塩とコショウで味をつけ、味が全体に回ったらしょうゆを鍋肌から回し入れて香りをつけます。動物性のたんぱく質が体にいっぱいたまっている人は、納得して満足できます。

「貧乏パスタ」は、にんにくとしょうがをごま油で軽く炒め、刻んだ赤とうがらしと塩、コショウ、アク抜きして刻んだ野草を入れて、ゆでたパスタと少しのゆで汁を入れ、しょうゆで味つけして大根おろしをからめます。

最近、匂いのしないにんにくや巨大なにんにくといったおかしなものが登場していますが、毒消しとして働くとはとうてい思えません。

肉と卵の毒消し料理

にんにくの素焼き

黒にんにくがはやっているけれど、炭火で焼いたにんにくのほうが格段においしい。独特のにんにく臭がすっかりなくなり、甘くて栗のようにホクホクです。肉を食べてきた人は、あまりのおいしさに止まらない、やめられない。

材料（1個分）

にんにく……1個

作り方

1 炭をおこして七輪に入れ、焼き網をのせて温める（ガスコンロで焼き網を温めてもよい）。

2 にんにくをまるのまま皮ごと焼き網にのせ、まわりが焦げてくるまで気長にこんがりと焼く。ばらして皮をむき、味つけせずにそのまま食べる。

若杉ばあちゃんからもう一言

＊時間をかけてしっかり、こんがりと焼きましょう。七輪は、災害時にライフラインが止まったときに、大いに役立ちます。七輪と炭、マッチ、木の枝か割り箸をもっていると便利で助かります。

にんにく

麻婆豆腐

たっぷりの薬味類が
大豆たんぱくの分解を
促すとともに、
過去にとって
体にたまっている
動物性食品の
古いたんぱく質や
脂肪も分解します。

材料（作りやすい分量）

豆腐……1丁（300g）
ねぎ
……2本（140g）
にんにく……10g
しょうが……10g
葛粉……大さじ1
水……大さじ2
ごま油（炒める用）
……大さじ1
豆板醤《トウバンジャン》……小さじ$\frac{1}{4}$
酒……大さじ2
みりん……大さじ2
しょうゆ……大さじ1
薄口しょうゆ……大さじ1
塩……少々
ごま油（仕上げ用）
……大さじ$\frac{1}{2}$
青ねぎ（小口切り）
……約大さじ1

作り方

1 鍋に湯をわかし、塩少々（分量外）を加えて豆腐を入れ、沸騰したら引きあげてふきんに包み、重し（小さいまな板や皿など）をのせて水きりし、1.5cm角に切る。

2 ねぎは根を切り落とし、先端の青い部分はほとんど切り捨て、縦半分に切ってから5mm幅の小口切りにする。にんにくとしょうがはみじん切りにする。葛粉は倍量の水で溶いておく。

3 厚手のフライパン（あれば鋳物製）を中火で熱し、ごま油を回してにんにくとしょうが、ねぎを順にどっさり加えて炒める。

4 3に豆板醤を入れて酒を加え、水または昆布だし汁（P45）大さじ3（分量外）を入れ、右回転で混ぜ、煮立ったらみりんを入れて同様に混ぜ、再度煮立ったらしょうゆ、薄口しょうゆを加えて同様に混ぜる。

5 4にさいの目に切った豆腐を入れ、塩をふって、水で溶いた葛粉を回し入れ、豆腐をつぶさないように混ぜて火を止める。仕上げにごま油をふってひと混ぜしてから皿に盛り、青ねぎを散らす。

魚介の毒消し料理

大根
魚の毒を消し、医者いらずに

「大根どきの医者いらず」といわれるように、大根は昔から日本人の健康維持に欠かせない野菜で、焼き魚に大根おろし、刺身にはツマ、ブリの煮ものに大根、ふろふき大根、切り干し大根、たくあんなどと、幅広く家庭料理で親しまれてきました。

大根は生でよし、煮てよし、漬けてよし（たくあん、みそ漬け、ぬか漬け、酢漬け）、干してよし（切り干し大根、割干し大根、ゆで干し大根）、そしてみそ汁の具にもよい。

大根の酵素は、魚のたんぱく・脂肪分解に働くスグレモノです。大根は繊維も多く、特に皮にはミネラル、ビタミンが豊富で皮膚をつくったり、保護したり、守る役目もあるので、旬のときは大いに活用しましょう。

大根は腎臓を癒す食材でもあります。腎臓は体の中で発生した老廃物や毒素の排泄や、塩分の調整をしている臓器です。ところが現代人は食べすぎで、たんぱく質がアミノ酸にまで分解されず、未分解のたんぱく質を腸が荒っぽく吸収してしまっているため、血液や尿の中にたんぱくが出ているのです。そのため、腎系にまつわる病気を起こしやすいのですが、大根を常食すると、前立腺の病気や膀胱炎、腎盂炎などの病気は少なくなるはずです。

腎臓病を悪化させないためにも、葉っぱも食べましょう。サッとゆがいておひたしやごまあえなどにしたり、またはサッとゆでてから炒め、味つけして食べてください。葉緑素や食物繊維、カルシウムもいっぱいあり、まさに大根葉は万能薬です。

熱のある風邪のとき、第一大根湯（P143）が解熱発汗に効果を発揮します。それから第二大根湯（P143）は、前立腺肥大や慢性腎炎、膀胱炎で尿が濃くて出が悪いときに、利尿剤として使います。

炎という症状が出たときはすべての動物性食品（肉、卵、牛乳、魚）は厳禁にして、大根料理をつとめて食べましょう。

大根おろしのしょうゆ油がけ

大根おろしにしょうゆをかけて熱したごま油をジューッ。
ごはんのおかずにもってこいの毒消し料理レシピ。
これはリウマチの特効薬です。
朝晩食べていると痛みが緩和されます。

材料（作りやすい分量）

大根おろし……130g
しょうゆ……大さじ1
ごま油……大さじ1強

作り方

1 大根おろしはザルに入れ、汁気をきってから器に入れる（汁は捨てない）。

2 ミニフライパンなどにごま油を入れて火にかけ、煮立つ寸前まで加熱する。

3 1にしょうゆをかけ、熱いごま油をジューッと回しかける（音がするくらい熱すること）。

若杉ばあちゃんからもう一言

＊残った大根の汁はみそ汁に加えたり、煮ものに入れたりして活用してください。大根の汁に白湯を少し足し、しょうゆをちょっとだけ入れて飲むと、腎臓や前立腺の悪い人の利尿剤になります。

ふろふき大根 ごまみそ添え

大根に含まれるジアスターゼは
魚のたんぱく・脂肪の
分解だけでなく
ごはん、お餅、そば、天ぷらの
分解に働く酵素の王様です。
腎臓や膀胱、前立腺の特効薬。

材料（4人分）

大根（厚さ2㎝の輪切り）……4枚
昆布だし汁（P45）……1カップ
米のとぎ汁……適量
酒……大さじ1
みりん……大さじ1
しょうゆ……大さじ2
薄口しょうゆ……小さじ1
ゆずの皮……適量

ごまみそだれ
洗い金ごま……大さじ1
みりん……大さじ1
煮汁……大さじ1
みそ……5g

作り方

1 大根は片面に十文字の切り込みを入れ、とぎ汁で約20分間、箸がスッと入るくらいまで下ゆでする。

2 1の大根を洗って土鍋に並べ入れ、昆布だし汁を注いで中火にかける。沸騰したら酒を加え、煮立ったらみりんを入れ、再度煮立ったらしょうゆと薄口しょうゆを加え、中弱火にして30分間煮る。

3 ごまみそだれを作る。P26の「玉ねぎときゅうりの酢みそあえ」の作り方3、4を参照してごまをいり、煮きりみりんを作る。みりんがわいたら火を止めて、2の煮汁大さじ1を混ぜる。すったごまにみそを加え、煮汁入りの煮きりみりんを加えてよくすり混ぜる。

4 2を皿に盛りつけ、それぞれに3のたれをのせ、せん切りにしたゆずの皮をのせる。

みぞれ鍋

植物性だけなのに
油揚げからだしが出て
大満足の鍋もの。
大根おろしは
鍋の仕上げに入れて
サッと煮るだけ。

大根

材料（4人分）

大根……360g
白菜……1/3株（450g）
春菊……80g
ねぎ……3本
油揚げ……2枚
糸こんにゃく……1袋
昆布だし汁（P45）……4カップ
酒……大さじ2
薄口しょうゆ……大さじ1
塩……小さじ1/2
ポン酢（P149）……適量

作り方

1 大根はすりおろし、ザルで汁気をきっておく（汁は捨てない）。

2 白菜は先端の青い部分を切り落として除き、ざく切りにして柔らかい部分とかたい部分に分けておく。春菊も先端を落として4等分する。ねぎは根を落として青い部分をほとんど切り捨て、長さ5cmの斜め切りにする。

3 油揚げは2分間ゆでて油抜きしてから横半分に切り、2cm幅に切る。

4 糸こんにゃくは洗って塩大さじ1（分量外）でよくもみ、10分ほどおく。水洗いして、塩小さじ1（分量外）を加えた湯で4分ゆで、洗ってからザクザク切る。

5 土鍋に昆布だし汁と大根の汁を入れて中火にかけ、煮立ったら酒を入れ、再度煮立ったら薄口しょうゆと塩を加える。白菜のかたい部分から入れ、こんにゃくと油揚げを入れてふたをし、中火で煮る。

6 白菜の柔らかい部分とねぎを入れる。ぐつぐつ煮立ったら春菊を加え、最後に大根おろしを上にのせて、ひと煮立ちしたら火を消す。ポン酢をつけて食べる。シンプルだけど意外とイケる。

魚介の毒消し料理

きゅうりのおろしあえ

大根の効力もさることながらきゅうりにも分解酵素があり、利尿効果もあります。ぜひ作って、そのデトックス効果を体感してみてください。

材料（作りやすい分量）

きゅうり……小2本（130g）
大根……95g
塩（長いままのきゅうりの塩もみ用）……少々（2本指でつまむ）×2
塩（切ったきゅうりの塩もみ用）……小さじ1/4
洗い金ごま……大さじ1
しょうゆ……大さじ2

作り方

1 きゅうりはP26の「玉ねぎときゅうりの酢みそあえ」の作り方1、2を参照して下ごしらえし、斜め薄切りにして塩もみしておく。

2 大根はすりおろし、ザルで汁気をきっておく。

3 同ページの作り方4を参照してごまを香ばしくいってすり鉢ですり、しょうゆと2の大根おろしを加える。

4 1のきゅうりをギュッとしぼって3に加え、手を右回転で回してあえ混ぜる。

若杉ばあちゃんからもう一言

＊五臓六腑にしみわたり、体が消炎に働いてひんやりと癒されます。

干し大根の甘酢漬け

体が酢のものを要求するときは、肝臓が疲れています。梅干し、柑橘、梅酢のクエン酸は肝臓にたまった脂肪を分解して運び出す役目をもっています。食養では煮きりみりんを使って、ほんのり優しい味に仕上げます。

材料（作りやすい分量）

大根……$\frac{2}{3}$本（650g）
甘酢
　みりん……大さじ3
　酢……大さじ4と$\frac{1}{2}$
　塩……小さじ1と$\frac{1}{2}$
赤とうがらし……3本
昆布……3.5×5cm

作り方

1 大根は縦四つ割りにし、厚さ1mmのいちょう切りにする。

2 盆ザルなどに1を広げ、水分が飛ぶまで天日に干しておく。

3 甘酢を作る。小鍋（あれば土鍋の片手鍋）にみりんを入れて中火にかけ、沸騰してアルコール臭さが飛び、甘い香りに変わったら酢を加え、すぐ火を止める。これに塩と赤とうがらし、2mm幅くらいの細切りにした昆布を加えて混ぜる。

4 2の干し大根をさめた3に入れて混ぜ、皿など軽い重しをして漬け込む。
※数時間で食べられ、常温で1か月ほど保存できる。

若杉ばあちゃんからもう一言
＊大根は、カラカラになるまで干さないこと。水分が飛んだくらいで漬け込むのがおいしく作るコツです。

しょうが

殺菌・解毒に働き、魚の寄生虫対策にも

しょうがは古代ローマやギリシャでは薬用に用いられ、中国でも漢方薬として重用されていますが、日本では春夏秋冬と一年を通して、冷奴《ひややっこ》、焼き魚、生魚、寿司、魚のたたき、そうめんなどの薬味に幅広く利用、活用されています。

しょうがには殺菌作用と解毒作用、保湿作用があり、特に胃腸内の殺菌効果が高く、風邪のときも殺菌効果を発揮します。また、しょうがには青身の魚（アジ、サバ、サンマ）やカツオ、イカなどに寄生する線虫(アニサキス)を殺す作用があることがわかっています（昭和63年・岐阜大学医学部寄生虫学教室の発表)。寿司屋の「ガリ」は飾りではないので、食べたほうがいいのです。

新しょうがは水分が多く、辛味も穏やかで、古根《ひね》しょうがに比べてとても陰性です。だから、普段薬味に使うには古根しょうがのほうが適しています。新しょうがは甘酢や梅酢に漬け込んだり、焼いてみそをつけたり、つくだ煮にして陽性にしてからいた

だきましょう。

食養では「しょうが湿布」や「しょうが油」で、お手当てにも大活躍です。体がポカポカになる「しょうが湯」もあり、まさにしょうがは飲んでよし、食べてよし、湿布にしてよし、マッサージしてもよしの万能選手です。

しょうが湯は、古根しょうが10gのしぼり汁と熱湯¾カップ、ニホンミツバチのはちみつ適量を混ぜて作ります。

しょうが油は、古根しょうがのしぼり汁とごま油を同量(各小さじ1)合わせ、指で右回転で1、2分間かき混ぜます。これを塗りながらマッサージすると、頭痛、めまい、神経痛、けいれん、血行不良、虫さされ、脱毛症、ハゲ、フケ、かゆみ、水虫などに効果があります。古根しょうがの薬効は絶大です。

しょうが湿布は神経痛やリウマチ、捻挫《ねんざ》、関節炎、胃炎、胃潰瘍、肩こり、打ち身、骨折、その他いろいろな症状に即効性のある外用の手当てです。詳しいやり方は拙著『若杉ばあちゃんの食養相談室~食い改めのススメ』(PARCO出版)を参照してください。

魚介の毒消し料理

しょうがみそ

体にたまった動物性の古いたんぱく質や脂肪分をしょうがで分解。陽性な三年みそと陰性なしょうがのバランスが絶妙!
おろししょうがとみそを混ぜるだけの、超簡単毒消し料理です。

材料（作りやすい分量）

古根しょうが……45g
みそ……60g

作り方

しょうがをすりおろし、みそを加えてよく混ぜる。

若杉ばあちゃんからもう一言

＊しょうがみそに、新しょうがは不可。古根しょうがを使ってください。新しょうがは陰性で水分が多く、みそと混ぜると水が出ます。このおかずを夏場に麦めしとセットでいただくと、夏バテ知らずの体になります。麦めしは三分づき米に押し麦を2割入れて、塩を加えて炊くといいでしょう。

新しょうがの甘酢漬け

しょうがの辛味と甘み、酸味が口に広がり、体が喜びます。

新しょうがの梅酢漬け（紅しょうが）

長期保存ができるので新しょうがが出回る時期にぜひ！店頭で古くなったものは避け新鮮なしょうがで作りましょう。

新しょうがの甘酢漬け

材料（作りやすい分量）

新しょうが……200g
塩……小さじ2
熱湯……3カップ
甘酢
　みりん……大さじ4
　酢……大さじ6
　塩……小さじ1

作り方

1 新しょうがを薄切りにし、塩をふって軽くもみ、10分間おく。

2 甘酢を作る。小鍋（あれば土鍋の片手鍋）にみりんを入れて中火にかけ、沸騰してアルコール臭さが飛び、甘い香りに変わったら酢を加え、すぐ火を止める。これに塩を加える。

3 1のしょうがをきれいに洗い、水気をしぼってボウルに入れる。ここに熱湯を注ぎ、すぐにザルにあげる。

4 3の水気をしっかりとってバットに広げ、さめたら2の甘酢に漬ける。

※1～2日で食べられ、常温で1か月ほど保存できる。

新しょうがの梅酢漬け（紅しょうが）

材料（作りやすい分量）

新しょうが……200g
塩……約大さじ1
赤梅酢
　……ヒタヒタになる量

作り方

1 新しょうがを薄切りにし、塩をふってもみ、30分間おく。

2 1のしょうがの水気をしぼってザルにあげ、天日に半日以上干す（汁気が飛んでしんなりする）。

3 2をびんやかめに入れ、赤梅酢をヒタヒタになるまで注いで漬ける。

※1か月ほどで食べ頃になり、冷暗所で1年ほど保存できる。

魚介の毒消し料理

新しょうがのつくだ煮

ごはんのお供に最高！
魚の毒消しに効果を発揮。

材料（作りやすい分量）

新しょうが……200g
塩……小さじ1
熱湯……3カップ
みりん……大さじ3
昆布だし汁（P45）……大さじ3
しょうゆ……大さじ2
薄口しょうゆ……大さじ1

作り方

1 新しょうがを薄切りにし、塩をふって軽くもみ、10分間おく。

2 1のしょうがをボウルに入れて水を入れ、塩をきれいに洗い落とす。再度ボウルに入れて熱湯を注ぎ、すぐにザルにあげて水にさらして冷やす。

3 土鍋にみりんを入れて中火にかけ、沸騰してアルコール臭さが飛び、甘い香りに変わったら昆布だし汁としょうゆ、薄口しょうゆを入れる。

4 2のしょうがの水気をしぼり、3に入れて煮る。煮立ったら極弱火にし、コトコトとゆっくり煮る。煮汁が少しあるくらいで火を止める。

※翌日、味が落ち着いておいしくなる。

しょうが

みつばのしょうがじょうゆあえ

野草のしょうがじょうゆあえは五臓六腑が喜ぶ最高の毒消し料理。同じ組み合わせで、おいしいものがたくさんあります。

材料（作りやすい分量）

みつば……45g
しょうがのすりおろし……小さじ1
塩……小さじ$\frac{1}{2}$
しょうゆ……小さじ2

作り方

1 鍋に湯をわかして塩を加え、みつばをサッとゆがいてザルにあげ、水に1分ほどさらす。
2 しょうがのすりおろしとしょうゆを混ぜる。
3 みつばを洗ってギュッとしぼり、長さ1cmに切り、2に入れてあえる。

若杉ばあちゃんからもう一言

＊みつばのほかに、春のよもぎ、せり、よめな、初夏のつゆくさ、夏のいのこづち、いぬびゆ、あかざ、しろざ、べにばなぼろぎくなどでも。みつばはアク抜きの必要はありませんが、ほかの野草はアク抜きをしっかりしてから味つけを。

まこもたけとしょうがのしぐれみそ

まこもたけは
体の浄化を助ける
縄文人の日常食。
秋の限られた時期しか
とれないので
見かけたら
買わなきゃ損々。
まこもたけの
ない時期には、
根菜と
たっぷりのしょうがで
作ってください。

しょうが

材料（作りやすい分量）

まこもたけ……70g
れんこん……70g
にんじん……30g
しょうが……90g
ごま油……大さじ1
塩……少々
（2本指でつまむ）×3
みそ……70g

作り方

1 まこもは皮をむしって、斜め薄切りにしてから2㎜幅のせん切りにし、細かいみじん切りにする。れんこんとにんじん、しょうがも同様にしてみじん切りにする。

2 鍋（あれば炒められる土鍋）を中火にかけて熱し、ごま油を回して1のまこもを入れ、すぐ塩をふって木べらで右回転で混ぜる。ときどき右回転で混ぜながら、10分ほど炒める。

3 まこもを手前に寄せ、空いたところにれんこんを入れて塩をふり、そこでサッと炒め、全体を右回転で混ぜて炒める。同様にしてにんじんを加えて塩をふって炒め合わせる（焦げついてくるようなら、水大さじ1を加える）。

4 弱火にし、ふたをして蒸し煮にし、根菜が煮えたら1のしょうがの⅔量を加えて混ぜる。

5 みそを加えて混ぜ、残りのしょうがを加えて混ぜる。きれいに混ざってしょうがに火が通ったら火を止める。

青じそ・しその実

魚の毒消し・毒出しに働く名脇役

刺身のツマの中に青じそや若いしその実が必ずあるのは、魚のたんぱく質と脂肪の分解に働く酵素が含まれているから。味が魚と合うだけでなく、毒消し・毒出しに働いてくれるのです（しょうが同様、魚の寄生虫対策になることも確認されています）。

青じそは夏の野菜なので、そうめんやきゅうりもみと相性バツグン。これが入るとグッと味が引き立って、とてもさわやかです。

夏場しかとれないので、その時期にしっかり食べておきたいもの。スーパーの棚には一年中青じそがありますが、旬でないものを食べることは間違っています。季節はずれのハウス栽培のものは買うのをやめましょう。

青じそをみそ汁やすまし汁に浮かせると香りが立ち、手巻き寿司の具にしてわさびやきゅうり、ごまと一緒に食べると寿司屋の寿司よりもおいしい。

秋になると葉も枯れ、しその実は一粒万倍《いちりゅうまんばい》となってギッシリと実ります。種は子種とつながるので、この実（種）を子宝に恵まれない貧血の人に、なるべく食べるようにと教えています。

植物は、種で子孫をつくります。玄米、あわ、ひえ、きび、そば、小麦、大麦、ごま、赤米、黒米、たかきび、あかざ、あおざをよく観察してみると、一粒万倍となってギッシリと種をつけて子孫を残しているでしょう。

「母なる大地」というのは、すべてのものは大地から生まれるということで、大地がすべての母体なのだから、植物は秋になると種がたわわに実るのです。実った禾本科《かほんか》（イネ科）の植物を食べて、体を元気に丈夫にしましょう。

私たちの先祖は長い歴史の中で食文化を創り、親から子、子から孫へと伝承してきました。いくら時代が変わったところで、これは変わらないものです。これを忘れたら、日本のご先祖さまへ申し訳が立ちません。温故知新をこれからの若い人たちは学んでください。

青じそのピリ辛漬け

出盛りの青じそでたくさん作りたい韓国風ピリ辛の漬物。青じその裏に、一枚一枚タレを片面につけて重ねていくのですが、手間のかけがいのあるおいしさです。

材料（作りやすい分量）

青じそ……20枚
にんにく……10g
しょうが……10g
洗い金ごま……大さじ1
しょうゆ……大さじ1と1/2
みりん……小さじ2
コチュジャン
（または豆板醤《トウバンジャン》）……適量
ごま油……小さじ1弱

作り方

1 にんにくとしょうがはすりおろし、ごまはP26の「玉ねぎときゅうりの酢みそあえ」の作り方4を参照していってする。

2 すりごまにしょうがとにんにくのすりおろしを加え、しょうゆとみりん、コチュジャン、ごま油を加えて混ぜる。

3 青じそ1枚の裏に2のタレをつけ、次々と同様にして重ねる。皿などで重しをし、常温で水があがるまでおいておく。

※翌日から食べられ、常温で1週間くらいは保存可能。冷蔵庫なら2か月ほど保存できる。

ごまみそ入り ししとうの しそ巻き焼き

夏バテ気味で食欲がないときに、体に元気をくれる料理です。

材料（4人分）

青じそ……8枚
ししとう……8本
ごま油……大さじ½

ごまみそ
洗い金ごま……大さじ1
ごま油……大さじ½
みそ……20g
みりん……小さじ1

作り方

1 青じそは洗って水きりし、ふきんやキッチンペーパーで1枚ずつふいておく。ししとうは洗って1本ずつ水気をふき取る。

2 ごまみそを作る。ごまはP26の「玉ねぎときゅうりの酢みそあえ」の作り方4を参照している。小鍋にごま油を入れて弱火で熱し、いりごまとみそ、みりんを加えて混ぜ合わせる。

3 1のししとうに縦に切り込みを入れて割り、ごまみそを詰める。青じそで巻き、閉じ目につまようじを刺して止める。

4 厚手のフライパン（あれば鋳物製）を温め、ごま油を回し、3を入れて弱火でゆっくりと焼く。片面に火が通ったら裏返し、こんがりと焼く。

しその実と青じそのペペロンチーノ

ばあちゃんの
ペペロンチーノは
薬味がドッサリ！
大根おろしと
しょうがが油を分解し、
パンチが効いているのに
後味さっぱり。
しその実と青じそが
夏の疲れを
癒してくれます。

青じそ・しその実

材料（2人分）

青じそ……2枚
しその実……8g
にんにく……12g
しょうが……12g
赤とうがらし……1本
大根……125g
しその実の塩漬け※……8g
スパゲティ……160g
塩（ゆでる用）……大さじ2
塩（味つけ用）……小さじ$\frac{1}{2}$
ごま油……大さじ1弱
スパゲティのゆで汁……大さじ2
しょうゆ……小さじ2

作り方

1 青じそはせん切りにし、しその実は洗って水気をふき取る。大根はすりおろし、ザルで汁気をきっておく（汁はみそ汁や煮ものに）。

2 にんにくとしょうがはみじん切りにし、赤とうがらしは種を除いて輪切りにする。

3 たっぷりの湯にしっかり塩を入れ、スパゲティを入れて袋の表示時間どおりゆでる（多めの塩でスパゲティに塩味をきかせるのはとても大事）。

4 厚手のフライパン（あれば鋳物製）を中火にかけて熱し、ごま油を回して、2のにんにくとしょうが、赤とうがらしを加えて右回転で混ぜながら炒める。

5 生のしその実としその実の塩漬けを加えて右回転で混ぜ、塩を加える。そこにゆであがったスパゲティを加え、ゆで汁大さじ2を加えて混ぜる。

6 しょうゆを鍋肌から回し入れ、汁気をきった大根おろしを加える。火を止め、皿に盛りつけてから青じそのせん切りをのせる。

※しその実の塩漬けは、P88の「しその実のしょうゆ漬け」の作り方1〜3を参照して作る。

しその実のしょうゆ漬け

材料（基本の分量）

しその実……適量
塩……しその実の重さの20％
しょうゆ……かさでしその実の1/2〜2/3量

しその実は時期になるとたくさんとれるので、塩漬けやしょうゆ漬けにしましょう。塩分が少ないといたみやすいです。しっかり塩気があるほうがもちがいいです。

作り方

1 しその実は枝からしごいてボウルに入れて水を入れ、洗ってザルにあげる。

2 3％の塩水（分量外）を作り、しその実を入れて20〜30分つけておく。

3 水をきってかめに入れ、分量の塩を加えてまぶし、重しをしてふたをする。

4 水があがってきたらその水気をしっかりしぼり、しょうゆを混ぜて保存する。

※10日ほどしたら食べられ、常温で2年保存可能。

みょうが

陰性が強いので、食べすぎに注意

夏の魚がとれる時期にできるみょうがは、魚のたんぱく質と脂肪の分解酵素として強力に働き、魚の毒消しに役立ちます。

昔はどこの家の庭にも畑にも、必ずといっていいくらいみょうがは自生していたので、子どもから大人まで知らない人がいませんでした。今若者に「これは何の野菜ですか?」とたずねると、「知らない」と答えるくらい、なじみのない野菜になりつつあります。

旬のみょうがといえども、昔は料理法らしい料理法がなく、それほど食べられていたようには思えません。カツオのたたきに入っていたり、刺身のツマについていたりしたくらいでした。

ものすごい繁殖力があり、一度にドッサリとれるので、気をつけて食べないと危険です。それを知っていた昔の人が、「みょうがの物忘れ」とことわざで教えているように、とても陰の強い植物なのです。

みょうがを食べすぎると拡散性と上昇性が働いて、頭脳細胞が広がってゆるんでしまうため、物事を忘れたり、記憶力を失ったりするといわれているのです。

実際、陰性な人が好んで食べすぎるとさらに陰性になって、けがをしたり、やけどをしたり、転んだり、車の事故を起こしたり、視力も悪くなるので、ほどほどにいただくようにしてください。

みょうがが大量にとれたら、P94のように甘酢漬けにしたり、梅酢漬けやしょうゆ漬けにしたりして保存食にしておくといいでしょう。

梅酢漬けは、みょうがの先端を切り捨てて縦半分に切り、湯ざましと赤梅酢を4：6で合わせた漬け汁に漬けます。ただし、湯ざましで薄めているので、あまり日もちはしません。梅酢漬けは色鮮やかなので、みょうがの皮を1枚はいで、にぎり寿司のネタなどにするときれいです。

しょうゆ漬けは、みょうがをみじん切りにし、塩をふって軽くもみ、3〜5分後に少ししぼってからしょうゆで漬けます。魚をたくさん食べてきた人においしい料理です。

みょうがみそ

材料（作りやすい分量）

みょうが……小5個（25g）
塩……小さじ1
みそ……10g

陰性なみょうがに陽性なみそは、陰陽の調和！
魚の毒消しにバツグンです。

作り方

1 みょうがは陰性な先端を1㎝ほど切り落とし、縦半分に切ってみじん切りにする。
2 塩をふって軽くもみ、5分ほどしたら水でサッと洗ってザルにあげる。
3 2の水気をしっかりきり、みそを加え、3本の指を使って右回転で混ぜる。

※時間がたつとみょうがから水が出て味が落ちるので、3日くらいで食べきること。

若杉ばあちゃんからもう一言

＊みょうがの先端には遠心と拡散、陰性のエネルギーが集まっているので、食べないでください。
＊みょうがを買うときは、身が締まってかたく陽性なものを選びましょう。花が咲いて、軽くてふわふわしているものは不可。

魚介の毒消し料理

みょうがの甘酢漬け

夏の暑さをちょっとだけ忘れさせてくれる一品。魚料理や油料理に添えると、後味さっぱり。

材料（作りやすい分量）

みょうが……8個（100g）
塩……小さじ1
甘酢
みりん……大さじ2
酢……大さじ2
塩……少々（2本指でつまむ）

作り方

1 みょうがは陰性な先端を1cmほど切り落とし、縦半分に切る。
2 1をボウルに入れ、塩をふり入れて軽くもみ、10～15分おく。
3 2の陰性の水気をしっかりしぼり、キッチンペーパーで水分をふき取る。
4 P73の「新しょうがの甘酢漬け」の作り方2を参照して甘酢を作り、みょうがを入れて皿などで重しをする。
※3日目から食べられ、冷蔵庫で約2か月保存可能。

わさび

強烈な陰性が遠洋や深海の魚の毒消しに

静岡に暮らしていたとき、山の清流でわさびを育てている人がいました。京都綾部に住んでいた頃は屋敷の敷地に小川が流れ、わさびが自生していたので、魚料理のときはなるべく根も葉も両方食べました。実に個性が強く、ツーンと鼻に来て、口もヒーヒーするくらい強烈な陰性だけれど、魚の取り合わせにはぴったりでありがたい薬味です。

静岡の人はわさびの葉や茎を粕漬けにしたり、三杯酢にしているのですが、魚をよく食べる人には相性がよく、おいしく食べられるのです。

魚にも遠洋の魚、近海の魚、深海の魚、川の魚、沼の魚があって、それぞれに取り合わせが違います。これも、昔の人の生活の知恵の結晶です。

昔から、遠洋や深海の魚にはわさび、近海ものにはしょうがが使われ、川魚や沼魚はたで、ごぼう、さんしょうの木の芽、さんしょうの実を一緒に食べてきています。

もちろん、全般的に柑橘や大根、しょうがをよく食べ合わせにして生活していました。

これまで、マグロの刺身や寿司をたくさん食べてきた人は、体に遠洋の魚の毒素がたっぷりたまっているはずです。本わさびを使った料理をときどきするといいでしょう。かぶに塩を少しなすりつけて七輪で焼き、わさびじょうゆでいただくと、魚好きの人はおいしくてたまらないでしょう。れんこんや玉ねぎ、キャベツでもイケます。

野草料理では、「みつばのわさびじょうゆあえ」がオススメです（みつばはサッと塩ゆでし、水に1分さらしてからしぼる）。それから、おろしわさびにしょうゆをかけて、アツアツごはんの上にのせて食べるとおいしい。

「わさびの茎の三杯酢」も、魚料理のときは欲しい一品です。わさびの茎と葉（上半分は切り捨てる）150gを長さ2㎝にカットして、塩小さじ1でもみます。これをザルに入れて熱湯をかけ、冷水で冷やしてからしぼり、三杯酢（食養では、しょうゆと酢、みりん）に漬けて密閉。翌日から食べられ、2～3日は辛味と香りを楽しめます。

今は機械技術の発達により練りわさびが主流。辛味や風味も天然わさびに似ているようですが、市販の粉わさびは極陰性です。本物の天然わさびを買って、食べてみるとよいでしょう。

めかぶのわさびじょうゆあえ

体を冷やす納豆の代わりに、めかぶや生もずくにねぎやしょうがを混ぜて食べましょう。わさびじょうゆや柑橘入りの三杯酢も好相性です。

材料（4人分）

めかぶ（乾燥）

……15g

生わさびのすりおろし

……4g

しょうゆ……小さじ1

柑橘類のしぼり汁

（ここではすだち）

……小さじ2

作り方

1 乾燥めかぶは水につけてもどし、箸を右回転で回してよく練って粘りを出す（ゆでて刻んでパック詰めされためかぶなら、そのまま使える。生のめかぶの場合は熱湯に塩少々を入れてサッとゆがき、色が変わったらすぐ取り出し、洗ってから刻む）。

2 生わさびは洗って頭(茎のつけ根)を削ってきれいにし、頭からおろして分量を用意する。

3 すりおろしたわさびにしょうゆを混ぜて1のめかぶに加え、柑橘の汁を加えて右回転で混ぜて仕上げる。

若杉ばあちゃんからもう一言

＊わさびは上からおろすと辛味が出ます。サメ皮のおろし器でおろすと、きめ細かくておいしい。海藻は旬のときはなるべく生のものを。ないときは乾燥したもので代用します。

わさび

ごぼう　食用にも薬にもなる陽性食材

昔は、魚を炊いた煮汁でごぼうを煮たものです。あまり知られていませんが、ごぼうも魚の毒消しとして、食べ合わせに頻繁に使われてきた食材なのです。

ごぼうは寒さに向かう時期に、地中深く根を陽性に伸ばす根菜です（細く長く伸びているものが陽性で、薬効があります）。土の栄養を吸収して育つので、ミネラルや酵素が多く含まれますが、食物繊維も豊富なので、食べると腸のぜん動運動が活発になり、便秘改善に効果があります。また、皮の部分にたくさん含まれるサポニンが、抗菌作用を発揮します。

ごぼうは薬用として世界中に伝えられていますが、食用にしているのは、日本と韓国、台湾だけだそうです。

日本でも盲腸の痛みで苦しいときに、ごぼうをすりおろしてその汁を盃1杯から2杯薬として飲むと効果があると昔から伝えられています。また、マクロビオティックの創始者の桜沢如一氏は、ごぼうは関節の薬だといっています。

食養では、「きんぴらごぼう」（砂糖不使用）が治療食に使われています。ごぼうめし（Ｐ１０２）やけんちん汁、煮もの、うなぎもどき（れんこんとともに、すりおろして粉と混ぜて焼いたもの）、しぐれみそ（Ｐ78の材料のまこもたけをごぼうに変える）などにして食べると、ごぼうの根のように体も精神も強くなり、ど根性が養われます。

ごぼうは細く長く伸びているものが陽性で、薬効があります。ゴシゴシ洗って皮をむいたり、水にさらすのは、食べ方が間違っています。皮をこそげば豊富に含まれるミネラルがなくなってしまい、切って水にさらせば切り口から栄養分が流れて、カスを料理しているのと同じことに。

夏（陽性な季節）に季節はずれのごぼうを食べると体のバランスがくずれるのは、旬のものでないからです。旬とは、たくさんとれて、安く買え、栄養と滋養があって、最もおいしい時期をいいます。旬のときこそ、いただきましょう。

ごぼうめし

いろいろ具材を
入れるより、
ごぼうの風味やうま味、
噛みごたえを楽しめる
おいしいごはんです。

ごぼう

材料（作りやすい分量）

三分づき米……3カップ
水……約4カップ
昆布……5cm角1枚
薄口しょうゆ……小さじ2
酒……大さじ1
塩……少々（2本指でつまむ）

具

ごぼう……150g
ごま油……大さじ1
塩（最初にふる用）…少々（2本指でつまむ）
昆布だし汁（P45）……1/2カップ以上
酒……大さじ1
みりん……大さじ1
しょうゆ……大さじ1と1/2
塩（仕上げにふる用）……少々
洗い金ごま……大さじ2

作り方

1 玄米はP125の「三分づき米ごはん」の作り方1を参照し、三分づき米に精米して土鍋に入れ、水を加える（水位は手の平を米に当てて手首のくるぶしの下まで）。これに昆布を加え、1時間以上浸水する。

2 炊く前に薄口しょうゆと酒、塩を入れてふたをして中火にかける。沸騰したら弱火にし、20分間炊く（途中、蒸気がおさまったらふたの穴に木栓をする）。

3 ごはんを炊いている間に具を作る。ごぼうは鉛筆を削るように厚めのそぎ切りにする。鍋（あれば炒められる土鍋）を中火で熱してごま油を回し、ごぼうを入れて塩をふり、右回転で混ぜる。よく炒めているとごぼう独特の臭みが消え、甘い香りに変わるので、そこまでじっくりと炒め、昆布だし汁を入れる。

4 煮立ったら酒を入れ、再度煮立ったらみりんを加え、また煮立ったらしょうゆを加えてふたをして弱火で煮る。煮汁が少なくなったら仕上げに塩をふって右回転で混ぜ、火を止める。

5 ごまはP26の「玉ねぎときゅうりの酢みそあえ」の作り方4を参照している。

6 2のごはんが炊けたら10分蒸らし、昆布を取り出して4のごぼうを煮汁ごと入れて混ぜ、5のごまも加えて混ぜる。

ふき　心臓と肝臓に働き、春は薬いらず

私が子どもの頃、春になると毎年越中富山の薬売りが大きなかけ声でやってきました。老若男女がゾロゾロと集まり、薬草の煎じ薬や熊の肝臓、膏薬《こうやく》を買っていたものです。でも、春先にはふきのとうが山野に顔を出してきます。これこそ「春の苦味」で、心臓と肝臓の特効薬なのです。

だから、薬は必要ないのです。ふきのとうが手に入ったら、ふきみそを作って食べていればいいのです。「良薬は口に苦し」といって、陽性な苦味の植物が、秋から冬にかけて体にたまった毒素を排泄してくれるのです。

ふきのとうが終わるとふきが成長してきて、食べるのが忙しい。煮ものにしたり、きゃらぶきにしたり、葉っぱを干してふりかけにしたり、汁ものに入れたり、油揚げと炊いたり……。こうやって、昔の人はどこの家でもよくふきを食べていたものです。

童謡「おべんとうばこのうた」に「すじのとおったふき」と歌われているように、

ふきは繊維のかたまりで筋だらけだけど、香りもよくてとてもおいしいです。ふきを食べていると便通がよくなりすぎていつもおなかが空いてしまうので、子どもの頃は往生したものです。それくらい、食物繊維が豊富だということ。

ふきもふきのとうもたんぱく質・脂肪分解酵素が魚の毒消しに働きますが、葉も同様に素晴らしい酵素をもっているので、捨てないで乾燥させて食べてみてください。ふりかけだけでなく、水でもどして煮ものや汁ものにも使えます。

子どもの頃、畑や田んぼでけがをしたとき、ふきをつぶして貼りつけていると、血止めになったり、痛みが消えたりしたものです。子どもが水ぼうそうにかかったとき、ふきの汁をつけると、きれいに治るから不思議。

今考えると、昔の人はいろいろなことを体験で知っていました。これらを先人たちの知恵として、若い人たちに伝えないと申し訳ないです。

ふきの煮つけ

ふきの季節になると
ふきの煮つけにみそ汁、
たけのことさんしょうで
炊いたものばかりの
ばっかり食。
食物繊維の塊なので
便通によい食材です。

ふき

材料（作りやすい分量）

ふき（下記参照）
　ゆでたもの……110g
酒……大さじ1
みりん……大さじ1
昆布だし汁（P45）
　……大さじ3
しょうゆ……大さじ1
薄口しょうゆ
　……大さじ1/2
塩……少々
（2本指でつまむ）

作り方

1 ゆでてアク抜きしたふきを鍋（あれば土鍋）に入れて昆布だし汁を注ぎ、中火にかける。

2 煮えてきたら酒を入れ、煮立ったらみりんを入れ、次はしょうゆと薄口しょうゆを加える。

3 15〜20分煮て味がしみ込んだら、仕上げに塩をふり、火を止める。

ふきの下ごしらえ

1 ふきは葉を切り落とし、まな板にのせて塩（中4〜5本につき小さじ1）をまぶし、板ずりする。

2 底の広い鍋にたっぷりの湯をわかし、1のふきを塩がついたまま入れてゆで、爪が軽く入るようになったらザルにあげて水洗いする。

3 水の中でふきの皮をむきながら、ポキポキ折って長さ3〜4cmにし、新しい水につけてアク抜きする。春のとれたてのふきなら10〜20分でいいが、とって時間がたっているものや購入したもの、夏のものの場合はアクが強いので、2時間半つける（この間に2回水を替える）。

海藻　血液サラサラ効果で脳の病気も予防

日本は四方を海に囲まれており、四季折々に魚と海藻がとれ、海の資源に恵まれている国です。魚の取り合わせにいろいろな薬味を紹介しましたが、実は海藻も最高の海の薬なのです。

海藻には陽性なミネラル元素のナトリウムとカルシウムが豊富に含まれ、低カロリーで強アルカリ、塩分も多い食品で、常食している人に長寿者が多く、頭の病気、脳の病気（脳出血や脳卒中など）と無縁の人も多いといわれています。

魚を食べるときに大根と同様、海藻料理があると、その家族から病人は出ないともいわれています。海藻は酸性体質の血液をサラサラにしてくれるスグレモノなのです。

海藻は最高の健康食。動物性たんぱく質を最も早く中和する役目に働き、イライラしたり、怒りっぽい、疲れやすい、肩こり、骨折した人たちにはぜひオススメしたい食品です。特に成長期の子どもや妊婦は海藻を食べていると、血液がpH 7.35〜7.45の弱アルカリ性になって体が元気になり、爽快になります。また、繊維も多いので、腸のぜん動運動に働き、便秘も解消されます。

海藻の種類もわかめ、ひじき、昆布、あらめ、磯のり、ふのり、天草《てんぐさ》（寒天）、青のり、板のりなど、地方に行けばさらにたくさんあります。カルシウムの摂取は海藻がいちばん。ちりめんじゃこのカルシウムはよくないので、海藻のカルシウムに変えましょう。

毎日のみそ汁にわかめを入れたり、ひじきで常備菜を作ったり、めかぶやがごめ昆布のようにネバネバが強い昆布を納豆の代わりにあれこれと味つけして食べましょう。ふのりも汁ものに入れると、体の中の毒素や老廃物を吸着してドンドン体の外に運び出してくれます。

最近は養殖技術が進み、魚も海藻も養殖ものがますます増えて、当たり前のようになっていますが、天然自然のものが体にはいちばん。私たちは賢い消費者になって、正しい判断力で買い物をしましょう。

魚介の毒消し料理

わかめのしゃぶしゃぶ

海藻と大根と柑橘が、トリプルパンチで魚の毒消しに働きます。血液と体の建て替え、立て直しをしましょう。

材料（1人分）

塩蔵わかめ……40g
大根……25g
青ねぎ（小口切り）……大さじ1
ポン酢（P149）……大さじ3
昆布だし汁（P45）……3カップ

作り方

1 塩蔵わかめは洗って水につけて塩抜きし、熱湯にサッとくぐらせてザルにあげ、さまして5㎝くらいの長さに切る（生わかめは、洗って湯通しに）。

2 大根をすりおろし、ねぎの小口切りとポン酢も用意しておく。

3 土鍋に昆布だし汁を入れて中火にかけ、煮立ったら1のわかめを箸でとり、だし汁に入れて2〜3度しゃぶしゃぶと泳がせ、2を入れた取り鉢に入れて食べる。

若杉ばあちゃんからもう一言

＊わかめはナトリウムやカルシウムなどミネラルの宝庫。常食していると、酸性体質は弱アルカリ性体質に変わり、体が中庸になって健康になります。

海藻

わかめのしょうがじょうゆあえ

料理にしょうがをきかせます。
しょうがはちょっと多いくらいのほうが
体の中からきれいにデトックスしてくれます。

材料（作りやすい分量）

塩蔵わかめ……30g
古根しょうが……25g
しょうゆ……大さじ1強

作り方

1 塩蔵わかめは洗って水につけて塩抜きし、熱湯にサッと通す。水ですすいだら水気をきる。

2 1を長さ1.5㎝くらいに切る。

3 古根しょうがをすりおろし、2に加え、しょうゆを加えてあえる。

若杉ばあちゃんからもう一言

＊この料理に新しょうがは使えません。新しょうがは陰性。おろすと水分が出ます。古根は水分が少なくて陽性。薬効成分がしっかりあります。

海藻

わかめスープ

昆布だしなのに、コクのあるスープ。
好みでコショウをふっても。

材料（4人分）

塩蔵わかめ……30g
みつば……10g
しょうが……15g
ごま油（具を炒める用）
……大さじ½
昆布だし汁（P45）
……3と½カップ
しょうゆ
……大さじ1と¾
薄口しょうゆ
……大さじ1と¼
塩……小さじ1
ごま油（仕上げ用）
……小さじ½

作り方

1 塩蔵わかめは洗って水につけて塩抜きし、一口大にザクザク切る。みつばは長さ3㎝くらいに切り、しょうがは細いせん切りにする。

2 鍋（あれば土鍋）を中火にかけて熱し、ごま油を回して1のしょうがを炒め、わかめを入れて3〜4分炒める。ここに昆布だし汁を加えて煮立たせる。

3 小鍋（あれば土鍋の片手鍋）にしょうゆと薄口しょうゆを入れ、中火にかけて煮立ったらすぐに2の鍋に入れる。

4 3に塩を加えて火を止め、仕上げ用のごま油をふってみつばを入れる。

若杉ばあちゃんからもう一言

＊昆布だし汁は前もって温めておくと手早くできます。小鍋でしょうゆをサッと沸騰させた「煮じょうゆ」を汁ものや煮ものの味つけに使うと、料理の味が一段とおいしくなります。

海藻

柑橘類

魚の毒を消し、風邪を予防する

「みかんが熟れると医者が青くなる」とは、昔の人が病気にならぬよう予防法として教えていることわざです。みかんが熟れる頃に少量ずつ食べていると、体調の悪いのが自然と治り、医者のことすら忘れてしまう、医者がもうからなくて青くなる、というわけなのです。日本のことわざはユーモラスでコミカルで、一度聞いたら忘れられません。

気候が温暖な土地では、多種多様のみかんがとれます。温州《うんしゅう》みかん、ぽんかん、ネーブル、はっさく、きんかん、ざぼん、夏みかん、すだち、ゆず、かぼす、だいだいなど、たくさんあります。これらは、昔から魚を食べるときに、魚のたんぱく質と脂肪を分解する取り合わせに当たり前に使われていた特効薬です。

みかんの皮を干したものは陳皮《ちんぴ》といって、漢方の薬です。これは七味とうがらしにも入っているのですが、さまざまな材料の薬効成分と合わさった七味は、素晴らしい漢方薬です。

昔は、みかんを焼いて風邪の予防をしていました。鍋ものにポン酢を作って食べたり、冬至にゆず湯に入って心身を温めたり、お正月の鏡餅にだいだいを飾って子孫繁栄の縁起をかついだり、と暮らしの中で柑橘類を上手に活用し、健康維持に役立ててきました。

九州はかぼすがとれ、皮も刻んであえものに入れたり、みそ汁や吸いものに皮のせん切りを入れたりします。またかぼすのしぼり汁を、酢のものに加えると味が決まって一段とおいしくなります。

「ゆずドリンク」も、体を爽快にします。熱湯を湯飲みの七分目まで入れ、ゆず$\frac{1}{2}$個をしぼって汁を加え、米あめや良質なはちみつを加えて作ります。焼酎を飲む人は、ゆずのしぼり汁を入れるのもいいでしょう。

国内産の柑橘類をもう一度見直しましょう。わざわざ外国から輸入した農薬漬けのオレンジを食べなくても、「身土不二※」の安心安全なものがたくさんあるのですから。住んでいる場所に近い産地のものが、健康にいちばんです。巨大化したものや、種なしのものは人工の手が加わっているので、避けましょう。小さくて形のふぞろいなもののほうが、自然でよろしいのです。

※「身(体)と土(土地)は二つならず(同じ)」ということで、自分が住んでいる土地でとれるものを食べることをいう。

焼きみかん

昔子どもが風邪をひくと、囲炉裏や火鉢で焼いたみかんを食べさせました。焦げた皮と一緒に食べると風邪の治りが早いのです。昔ながらの家庭療法、民間療法です。

材料（1人分）

みかん……1個

作り方

1 炭をおこして七輪に入れ、焼き網をのせて温める（ガスコンロで焼き網を温めてもよい）。

2 みかんを洗ってふき、焼き網にのせてゆっくり時間をかけて焼く。

3 焦げ目がつくくらいしっかり焼けたら皮をむいて食べるが、焦げた皮も¼くらい食べると効果がある。

若杉ばあちゃんからもう一言

＊みかんは陰性ですが、煮たり焼いたり炭化すると陽性に。漢方ではみかんの皮の干したものを陳皮といって、風邪のときに用います。私はカラカラに干した無農薬みかんの皮を、どびんで軽く煎じて飲みます。腎臓や膀胱、前立腺など腎系を患っている人にいいです。

魚介の毒消し料理

きんかんの塩煮

きんかんは土鍋で煮ると、砂糖はいらない。塩だけで甘く煮えます。塩と土鍋のミラクルです。金属の鍋で煮てもこの味は絶対出ません。これは風邪ひきの妙薬となります。

材料（作りやすい分量）

きんかん……15個（260g）
塩……小さじ1

作り方

1 きんかんは洗って金ザルに入れ、熱湯を回しかける。

2 土鍋に1を入れて塩をふり、軽くかき混ぜてふたをする。ふたの穴に木栓をし、弱火にかける。

3 途中焦げつかないように混ぜ、20～25分蒸し煮にする。

4 きんかんが柔らかくなり、汁が出てきたら、汁気を少し煮詰めて火を止める。

砂糖の毒消し料理

梅干し　さまざまな毒を消し、災難から守る

「梅はその日の難のがれ」といいますが、このことわざは「梅干しを毎日ひとつ食べていると災難からのがれられる」と教えています。梅干しは殺菌効果や解毒作用があるから、「梅干しは三毒を消す」ともいわれています。三毒とは、「食の毒」「水の毒」「血の毒」のことです。

体に悪いものを食べてしまったときは、できるだけ早く梅干しを食べて対処し、体調が悪いときも急いで梅干しを食べるか梅しょう番茶（P１３１）を飲むと、体がスッキリします。梅干しのクエン酸は強アルカリで、強烈な殺菌効果があるのです。

昔の人は頭が痛むと梅干しをこめかみに貼ったり、トゲが深く刺さってとれないときや、ハチやムカデにやられたときも、梅干しの果肉を貼る応急手当てをして治して

いました。

梅干しをピューレにして一家に一びん用意して、朝晩梅しょう番茶を飲んでいると、頭痛やめまい、腹痛、肩こりなどいろいろな症状を消してくれます。

梅干しのクエン酸は強アルカリ。しょうがも強アルカリで、殺菌効果・消炎効果・保温効果と同時に血管を広げ、血流に働きます。三年番茶も強アルカリで、陽性の渋味の収斂性《しゅうれんせい》（引き締める性質）をもっており、しょうゆは腸や心臓を動かすセンサーです。これらが合わさった梅しょう番茶は、まさにいざというときの救世主です。

梅干しはごはんと一緒に食べると唾液がわいて出てきて、米のでんぷんの消化に働き、発がん性物質や添加物などの毒性を消す効果をもっています。

砂糖や菓子類を食べてしまったときは、梅干しを食べることです。食の毒、水の毒、血の毒をすみやかに消してくれます。

梅干しごはん

食欲がない、
体が疲れているとき
パワー復活に役立つ
ごはんもの。
これは、
ばあちゃんちの
10年ものの梅干しを
使いました。

材料（2人分）

三分づき米ごはん（左記）……2膳分（300g）
わかめ（乾燥）……1g
洗い金ごま……小さじ1
梅干し（たたいたもの）……10g

作り方

1 鍋（あれば土鍋）を中火にかけて温め、わかめを入れてサッとからいりする。すり鉢に移し、すりこぎでつついて粗めに砕いておく。

2 ごまは香ばしくいる（P26の「玉ねぎときゅうりの酢みそあえ」の作り方4を参照）。

3 包丁でたたいた梅干しと1のわかめ、2のごまを三分づき米ごはんに混ぜる。

三分づき米ごはん

材料（基本の分量）

三分づき米……540mℓ（3合）
塩……小さじ½
水……米に手の平を当てて手首のくるぶしの下の量（4合以上）

作り方

1 家庭用精米器（P159）の排出口に土鍋をセットして玄米を入れ、精米して三分づき米にする。これに水を加え（米は洗わない）、米の表面に手の平を当て、水位が手首のくるぶしの下になるよう調整する。

2 30分〜1時間浸水してから（浸水時間は米の品種によって変え、夏は短く、冬は長く）、もう一度手を入れて水位を計り、くるぶしの下になるよう水を足し、塩を加えてふたをして中火にかける。

3 沸騰してきたら弱火にし、約20分炊く（途中蒸気が落ち着いたら、ふたの穴に木栓をする）。

4 ふたを開けてカニ穴を確認したら火を弱め、ホタル火で10分間炊き、火を止めてガス台の上で5分蒸らす（ホタル火にならないガス台の場合、ガスマットを使用するとよい）。天地返しをし、ごはんをほぐす。

ごぼうの梅煮

梅干しと一緒に、
土鍋で
6時間煮たごぼうは
とても陽性。
砂糖の害を中和します。
1週間くらい
続けて食べていると
元気がわいてきます。
笹はケイ素が豊富で
血液に入って
カルシウム
イオンをつくり
骨の再生能力を
高めます。

材料（作りやすい分量）

ごぼう……450g
梅干し……中2個
（大なら1個）
笹……クマ笹なら3〜4枚、
普通の笹なら倍くらい
水……1ℓ以上

作り方

1 ごぼうは目の粗いふきんか柔らかい布たわしなどで優しく洗い、溝に入り込んだ土を落としていく。皮つきのまま鍋のサイズに合わせてカットする。

2 笹の葉を洗って土鍋の底に敷き、ごぼうを並べ入れる。梅干しを加え、水を注ぐ。

3 ふたをしないで強めの中火にかけ、沸騰してきたらふたをして弱火で6時間煮る。途中ときどきふたを開けてみて、水が少なくなっていたら少し足してからまた煮る。

4 最後は煮汁がなくなるまで煮、食べやすい大きさに切る。

若杉ばあちゃんからもう一言

＊ごぼうは皮をむかずに調理します。皮にはミネラルやビタミン、食物繊維が豊富に含まれていて、私たちの皮膚を丈夫にし、保護もしてくれます。

梅干しととろろ昆布の吸いもの

ちょっと汁ものが欲しいとき、梅干しととろろ昆布があれば簡単にできます。とろろ昆布は、海のミネラルがいっぱい。

材料（1人分）

梅干し……5g
青ねぎ（小口切り）……小さじ1
とろろ昆布……1g
薄口しょうゆ……小さじ½
熱湯……½カップ強

作り方

1 梅干しは包丁でたたき、ねぎは小口切りにして分量を用意する。
2 椀に1ととろろ昆布、薄口しょうゆを入れ、熱湯を注いでよく混ぜる。

若杉ばあちゃんからもう一言

＊急な来客にも、すぐに温かい汁ものを出せます。小さな容器に材料を入れて、お弁当と一緒に持っていくと便利。いつでもどこでも熱湯さえあれば、簡単・おいしい吸いもののできあがり。

砂糖の毒消し料理

梅しょうの吸いもの

梅しょう番茶は、
食養の代表的な飲みものです。
朝晩飲んでいるだけで
健康維持に役立ちます。
あらゆる症状の万能薬なので、
外出のときに携帯していると
体調の悪いときは救われます。
そのエキスを使った
元気の出る吸いものです。

材料（1人分）

梅しょう……小さじ1
昆布だし汁（P45）
または熱湯
……½カップ強
ふのり……1g
青ねぎ（小口切り）
……小さじ1

作り方

だし汁以外を椀に入れ、温めただし汁を注ぐ。

若杉ばあちゃんからもう一言

＊自家製の「梅しょう」は、梅干し大1個を割り箸でつついて種をとり、さらによく練って、しょうが汁2〜3滴としょうゆ小さじ½を混ぜて作ります。梅しょう番茶にする場合は、これに三年番茶50〜100㎖を注ぎます。梅醤ぴゅうれはどこにも負けない優秀な品質です。

梅醤ぴゅうれ
和歌山県産無肥料・無農薬の三年梅干しと自家製しょうゆ、高知県産自然農法のしょうがを使ってペースト状に。／NORICA STYLE（問い合わせ先は巻末）

梅酢

クエン酸が毒素や老廃物を体外に排出

私たちの体は毎日食べたもの、飲んだものでバランスを保ち、排毒にも働いています。目クソ、鼻クソ、耳クソ、歯クソ、大便、小便、汗、フケ、かゆみ、涙、鼻水、痰となって体の外へ運び出しているのです。ワキガや口臭、加齢臭、足のニオイも老廃物や毒素です。

どんな形でも体の外に出ることはありがたいこと。出ない、出せないは、万病につながります。快食・快便・快眠・快調であるのがいちばんです。食養では、砂糖の害は20年以上たたないと出ないといわれているため、排毒の難しさがあります。ただ、快調な状態を保つのに、梅酢は一役かってくれます。梅酢のクエン酸には、老廃物や毒素を体外に排出する力があるからです。

このクエン酸は強アルカリで、昔から風邪のときのうがい薬、腹痛の痛み止め、おなかを下したときの下痢止め、疲れたときの疲労回復のサポートに使われていました。

梅酢

梅酢は梅干しを漬けたときに出るエキスですが、白梅酢はしそが入る前の梅酢で、赤梅酢はしそが漬かったもの。漬けたその年のものよりも2年、3年たった梅酢ほうが、塩害やニガリの害が少なくなっています。

いい梅酢を入手できたら、料理や飲みものにドンドン活用して、デトックスしましょう。日々の小さな努力の積み重ねで、砂糖の害が解消されます。

梅干しも梅酢も保存食であり、家の宝です。無農薬の梅と海水からできた塩を原料とした梅干しや梅酢はスーパーには売っていませんが、自然食品店には必ずありますので、一度買って、使って体感してください。

砂糖の毒消し料理

梅酢湯

体調をくずしたときや、風邪をひいたとき、下痢、腹痛、腰痛、頭痛のときにオススメ。梅酢は酢めしや料理に活用しましょう。

材料（1人分）

梅酢※1……小さじ1と½
湯※2……約大さじ5（梅酢の塩分によって変える）

※1
赤梅酢でも白梅酢でも、どちらでもよい。
※2
冬は温かい湯にし、夏はさめた白湯にする。

作り方

梅酢と湯を混ぜる。

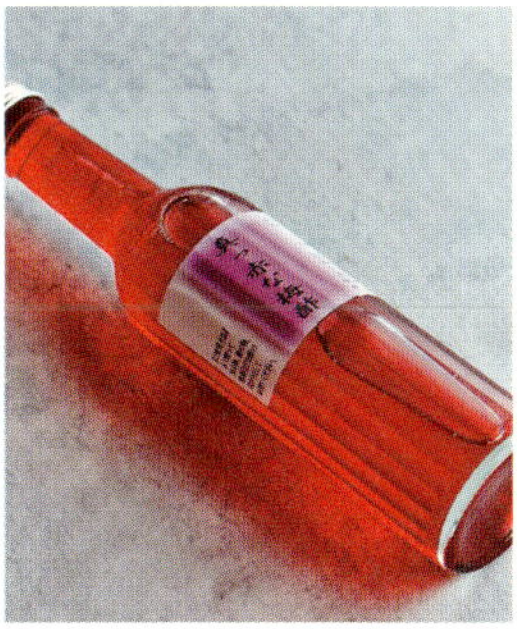

真っ赤な梅酢
NORICA STYLE（商品の詳細はP159、問い合わせ先は巻末）

梅酢

砂糖の毒消し料理

切り干し大根とふのりの梅酢あえ

切り干し大根といえば煮ものが定番ですが、加熱しないであえものにすると、パリパリした食感がたまりません。

材料（作りやすい分量）

切り干し大根……15g
ふのり……2g
洗い金ごま……大さじ1
赤梅酢……大さじ1
水……大さじ1

作り方

1 切り干し大根は洗ってから、水につけ、しんなりしたらギュッとしぼり、長さ1㎝に切る。

2 ふのりは水洗いしてザルにあげ、水気をきっておく。

3 ごまはP26の「玉ねぎときゅうりの酢みそあえ」の作り方**4**を参照して香ばしくいり、すり鉢に入れて粗めにする。

4 **3**に**1**と**2**を入れ、梅酢と水を合わせたものを加え、右回転で手であえる。

若杉ばあちゃんからもう一言

＊梅酢あえは旬の野菜、海藻を合わせていろいろ作ります。夏は薄切りのゴーヤとみょうがにサッと熱湯をかけてしぼり、いりごまと水で割った梅酢であえると暑いときの胃袋を快適にします。秋冬は、丸ごと蒸したれんこんを薄く切り、水で割った梅酢だけであえます。

梅酢

梅干しの黒焼き

炭素の極陽が、砂糖の極陰に効く

黒焼きは昔から薬として使われており、コイやフナ、ドジョウ、カニ、スズメ、ヘビなどいろいろなものを炭にして売る黒焼き屋さんが全国にありました。炭素は極陽性の元素なので、黒焼きは貧血や冷え性などの極陰性の症状にメキメキと効果を現し、起死回生の妙薬と呼ばれておりました。

特に梅干しの黒焼きは、梅干し自体に年月がかかっていてほかの黒焼きよりもさらにパワーがあるので、砂糖によって体調をくずした人にはこれほど薬になるものはないでしょう。貧血・冷え性・低体温・便秘・低血糖症・低血圧・不妊症の人の体質改善に大きく貢献。めまいや車酔い、二日酔い、時差ぼけにも梅干しの黒焼きは効果があります。

ただし、肉食で血が濃くなり、ドロドロの血液になっている陽性な人には向きません。肉や卵をたくさん食べている人が梅干しの黒焼きをなめると、陽性と陽性がぶつかり合って体が受けつけないのです。体が拒絶して、とたんに吐き出します。

梅干しの黒焼きを購入する場合は、無農薬の梅を海水からできたニガリの少ない塩で漬け、天日でしっかり干した三年ものの梅干しを焼いたものを選びましょう。入手できない場合は、梅干しの種を5～6時間口の中でコロコロと根気よくころがしてなめるといいでしょう。実際に毎日実践した男性が、虚弱体質からたくましくていい体に変わり、健康を取り戻し、現在は結婚をして子どもにも恵まれています。

種をかなづちなどで割って、中の天神さんを食べるのもオススメです。昔の人は、よく天神さんをおいしそうに食べておりました。

梅干しの黒焼き入りふりかけ

極陽性の梅干しの黒焼きを
食卓に取り入れたのが、
このふりかけ。
更年期障害、うつ、認知症、
貧血、不妊症などに。
脳梗塞や心筋梗塞の
後遺症のある人は
ごはんのお供にすると
段々と薄紙をはぐように
改善されるでしょう。

梅干しの黒焼き

材料（作りやすい分量）

梅干しの黒焼き※……2g
洗い金ごま……小さじ1
わかめ（乾燥）……1g
板のり……1/4枚
炒り塩（下記）……小さじ1/2

※ここでは、NORICA STYLE（問い合わせ先は巻末）の「梅干しの黒焼き」を使用。

作り方

1 鍋（あれば土鍋）を中火にかけて温め、わかめを入れて1〜2分からいりする。すり鉢に移し、すりこぎでつついて細かく砕いておく。板のりは細かくちぎってからいりし、やはりすりこぎで細かくしてわかめと合わせる。

2 ごまはP26の「玉ねぎときゅうりの酢みそあえ」の作り方4を参照して香ばしくいり、手でひねって1に加える。

3 2に梅干しの黒焼きと炒り塩を加え、混ぜ合わせる。

炒り塩の作り方

1 鉄のフライパンか使い込んだ土鍋を中火で温め、塩を入れる。

2 中弱火にし、木べらで混ぜながら20〜30分いる。

※まとめていって焼きものや漬物などに活用する。煮ものや炒めものの仕上げに少量ふると、味が締まる。

油の毒消し料理

大根おろし

酵素が油の分解と消化に働く

油の特徴は、「一物全体食※」ではないということ。種から抽出するので部分食となり、それゆえに不安定な要素をもっています。それで、油は空気に触れるだけで酸化が始まり、加熱するともっと酸化が進み、過酸化脂質に変わるのです。

料理に使うときは新鮮な油が条件です。油の毒消しをする食材との食べ合わせを忘れると、血液が汚れて病気の原因をつくります。

天ぷらに大根おろしは、昔の人が考えた最高の取り合わせです。大根の酵素が油の分解と消化に素早く働くのです（同時に柑橘も使うとなおいいです）。

油の買い方・使い方・食べ方は大事で、食養では昔の人が使っていた、酸化しにくいごま油と菜種油、椿油を使用しています。サラダ油や紅花油は、がんやアレルギー、動脈硬化、血栓などの病気の原因となりやすいリノール酸が多く、陰性で酸化が早いため、使わないこと。油の酸化は細胞と体の老化を進めるので、要注意です。

今は油の多様化で消費者は商業主義に踊らされ、安かろう悪かろうの油がいっぱい。そういうものには手を出さないで、日々日常で油料理、油ものを食べる量に気をつけて、この本の中の毒消し料理を参考にして、それも少量食べるようにしましょう。

※「一物全体」とは、丸ごと、すべてということ。一本の植物の中には陰と陽が渾然一体となって凝縮されており、それを全部摂取することを「一物全体食」という。米なら精白しないで玄米、野菜なら根も葉も皮も食べるということ。

大根おろしを使った手当て法

第一大根湯

効　能：解熱発汗。肉や魚の毒消し。

作り方：どんぶりに大根おろし大さじ3と大根のかさの1割のしょうが、しょうゆ大さじ1と½を入れ、アツアツの三年番茶2カップを注ぎ、かき混ぜて熱いうちに飲む。ふとんを2枚重ねて頭からかぶり、1時間ほど寝る。全身から汗が吹き出したら汗をふき、着替える。陰性体質には向かない。

第二大根湯

効　能：利尿（膀胱炎や慢性腎炎、前立腺の病気などで尿の出が悪いとき）

作り方：小鍋に大根おろしのしぼり汁大さじ1と湯大さじ2を入れ、火にかけてわいてきたらすぐに火を止め、2％の塩を加えて熱いうちに飲む。飲むのは1回だけにすること。

大根おろしの梅酢がけ

大根おろしのしょうゆがけ

大根おろしのしょうゆがけ

天ぷらの油のカロリーを、大根の酵素がきれいサッパリ消してくれます。超簡単毒消しレシピ。フライにも忘れずに添えましょう。

材料（作りやすい分量）

大根おろし……130g
しょうゆ……小さじ1と1/2

作り方

1 大根おろしはザルに入れ、汁気をきってから器に入れる（汁の活用法はP59の「若杉ばあちゃんからもう一言」を参照）。

2 1にしょうゆを加える。

大根おろしの梅酢がけ

大根おろしにかけるのがしょうゆから梅酢に変わっただけで、見た目も味もワンランク上がったように感じます。梅酢は強アルカリで酸味も油の毒消しに働くので、効果もランクアップします。脂肪肝の人の肝臓にたまっている脂肪や油も、大根と梅酢が優しく消してくれます。

材料（作りやすい分量）

大根おろし……130g
赤梅酢……小さじ1

作り方

1 大根おろしはザルに入れ、汁気をきってから器に入れる。

2 1に梅酢を加え、箸でよく混ぜる。

若杉ばあちゃんからもう一言

＊大根おろしの汁はみそ汁に入れたり、P143の「第二大根湯」にしても。

柑橘類　油のくどさを打ち消し、肝臓を癒す

天ぷらにゆずやすだち、かぼすが添えられることもよくありますが、油のくどさを打ち消し、アッサリとした料理に変身させるスグレモノといえます。

腎臓のろ過装置である糸球体は、動物性食品のたんぱく質や脂肪だけでなく、植物性の油の酸化でも目詰まりを起こします。この目詰まりを溶かすのに、大根と柑橘類が有効に働きます。

油ものは肝臓にも負担をかけ、その対策となるのが、酸味のある食べものです。酢は極陰性で、血液を溶かすので少量にして、柑橘と合わせて使うことをオススメします。揚げものには、ゆず、かぼす、すだち、だいだいなどを添え、レモンはやめましょう。できればゆずやかぼすの皮も、料理に上手に活用してください。陳皮も、みかんの皮を干すだけで薬になります。

常日頃から柑橘を使った料理を一品、食卓にさりげなく出すといいでしょう。柑橘

柑橘類

料理で過去にとって体内にたまっている油の毒消しがされ、体が癒されます。

柑橘料理でいちばん手軽なのは、ポン酢あえです。柑橘類が出回ったらぜひポン酢（P149）をまとめて作って準備をしておきましょう。昆布を1切れ入れておくと、だしが出てうま味が増します。

季節の野菜をゆでたり塩もみしてポン酢であえるだけで、体の喜ぶ料理が簡単にできます。海藻や大根おろしを取り合わせて、ポン酢をかけるだけのお手軽メニューもぜひ！

手元に旬の野菜や野草があれば、自由自在に組み合わせておいしさの発見をしてください。

白菜と春菊、わかめのポン酢あえ

ポン酢あえの秋冬バージョン。春菊は肝臓を癒し、白菜は肺を元気にしてくれます。

材料（2人分）

白菜……1/6株（200g）
春菊……1/2わ（70g）
塩……小さじ1
塩蔵わかめ……15g
ポン酢（左記）
……大さじ4弱

作り方

1 白菜は先端の青い部分を切り落として除き、2cm幅に切ってから、分量の塩を入れた湯でサッとゆでる。ザルにあげて塩少々（分量外）をふり、さましておく。

2 春菊も先端を切り落とし、茎のほうから湯に入れてサッとゆでる。ザルにあげて塩少々（分量外）をふり、さめたら水気をしぼって長さ2cmに切る。

3 塩蔵わかめは洗ってから水につけて塩抜きし、サッとゆでてから2cm幅に切る。

4 白菜と春菊の水気をしぼって3のわかめを合わせ、ポン酢であえる。

ポン酢

材料（作りやすい分量）

柑橘類（ゆず、かぼす、すだち、だいだいなど）のしぼり汁……大さじ2
酢……大さじ2と1/2
しょうゆ……大さじ2
みりん……大さじ2
塩……小さじ1

作り方

柑橘のしぼり汁に酢を入れてしょうゆを混ぜ、みりんを加えて、最後に塩を混ぜる（調味料を入れるたびに、2本指で右回転で混ぜること）。

油の毒消し料理

きゅうりと青じそ、わかめのポン酢あえ

ポン酢あえの夏バージョン。
きゅうりは生でサラダで食べるより、
塩もみしてからポン酢であえるほうが体に優しい！

材料（作りやすい分量）

きゅうり……小2本（130g）
塩……小さじ½
青じそ……3枚
塩蔵わかめ……15g
ポン酢（P149）……大さじ4弱

作り方

1 きゅうりはP26の「玉ねぎときゅうりの酢みそあえ」の作り方2を参照して下ごしらえし、斜め薄切りにして塩をふってもんでおく。

2 青じそはせん切りにし、塩蔵わかめは洗ってから水につけて塩抜きし、サッとゆでてから一口大に切る。

3 きゅうりの水気をしぼってわかめと合わせ、ポン酢を加えて右回転で手であえ、最後に2の青じそを加えてあえる。

野草　油で負担のかかった肝臓を癒す

油の摂取が肝臓に負担をかけることを述べてきましたが、野草の苦味成分も肝臓をいたわるのに重要な働きをします。

日本には春夏秋冬の一年がめぐっています。自然があるから植物ができ、季節がめぐるから旬ができる。昔は自然の恵みで暮らしていたから、旧暦の正月七日に野草を入れた七草がゆをいただくようになったのです。これは体にたまった一年分の毒素や老廃物をせり、なずな、ごぎょう、はこべら、ほとけのざ、すずな、すずしろの薬草で排出させ、体を癒す薬効を考えての風習です。

一年を通して野草にはたくさん種類があります。植物性のものはそれぞれに消炎作用をもっており、春はふきのとう、よもぎ、たんぽぽ、せり、なずな、のびるなどを食卓に取り入れていると、肝臓や腎臓の働きが改善されます。天然のあさつきやのびるのぬたは、脂肪肝の改善に役立ちます。

青い食材は肝臓の働きを助けるので、青野菜だけでなく野草も大いに食卓に取り入れてほしいものです。しかし生命力のある野草を日々食べていくと、体の中から毒素が出てきて、頭や顔、手や足、肩や腰などに、湿疹、乾疹（カサカサの状態）、吹き出物、かゆみ、痛み、痰、咳、熱といった形で排毒現象が現れてくることがあります。そのときは薬で抑えたり止めたりはしないこと。これは体がよくなっていくための過程の症状なので、出しきるまでは根気よくがんばりましょう。排毒しているときは体調が悪くなるのではありません。いわゆる「出入口の原理※」です。悪いものが外に運び出されて体が浄化作用と好転反応に働いているので、体はいたって元気。出てくれてありがとうの感謝です。

野草は塩ゆでして水にさらしてアク抜きしたら、ごまあえ、磯辺あえ、からしあえなど、いろいろと味わってください。

※「出入口の原理」とは、毒素が出ているときは、入れることよりまず出すことが先。一日一食にしたり、半断食や空腹にしていると、内臓が働いて、毒素を大いに体の外へ出す。「入り出口」とはいわないでしょう。

よもぎのしょうがじょうゆあえ

よもぎは
血液の浄化と
造血に働きます。
弱った肝臓の
機能を回復し
助けてくれる
すぐれた野草です。

材料（4人分）

よもぎ……100g
塩……大さじ1
古根しょうが……10g
しょうゆ
……大さじ1と½

作り方

1 よもぎは柔らかい葉先を摘み（草刈機で刈ったあとのよもぎから出てきたものは摘まない）、洗って水気をきる。

2 鍋にわかした湯に塩を加えてよもぎを入れ、菜箸でそっと押さえて沈める。鍋の緑のほうからプクプクと水泡が出てきたら、10秒数えてザルにとる。

3 すぐ冷水にとってさましてから水を替え、20分間水につけてアク抜きする。

4 ザルにとって手でよくしぼってから1㎝幅に切り、すりおろしたしょうがとしょうゆを加えてあえる。

若杉ばあちゃんからもう一言

＊春先の若葉なら、塩ゆで後水洗いだけで、すぐあえられます。3月後半～4月に摘んだよもぎは、20分水にさらしましょう。4月中旬～下旬のよもぎはアクがあるので、水にさらしたあと、しょうゆ洗いが必要です（水6にしょうゆ4の割じょうゆに20分つける）。

油の毒消し料理

あさつきとわかめの酢みそあえ

天然のあさつきには、栽培ものにかなわない力強さと薬効成分があります。

材料（4人分）

あさつき……80g
塩……小さじ1
塩蔵わかめ……17g
酢みそ
洗い金ごま……大さじ2
みりん……大さじ1と½
酢……大さじ2
みそ……20g

作り方

1 あさつきは陰性な先端を切り落として除く。鍋にわかした1,5ℓの湯に塩を加えてあさつきを入れ、サッとゆでてから水洗いし、長さ2cmに切る（湯は捨てない）。

2 塩蔵わかめは洗ってから水につけて塩抜きし、1の湯に入れてサッとゆがいて水洗いし、1.5cm角に切る。

3 酢みそはP26の「玉ねぎときゅうりの酢みそあえ」の作り方3〜5を参照して作り、あさつきとわかめを加えてあえる。

若杉ばあちゃんからもう一言

＊天然自然のあさつきは春と秋にとれます。栽培ものにはパワーや薬効もあまり期待できません。土手や道路で天然ものをみつけたら、庭や畑に植え替えておくと増えます。

この本で使用している調味料と調理器具

原料にこだわり、伝統製法で作られた本物の調味料は、私たちの体の中でまるでサプリメントのように働きます。毎日口にするものですから、良質なものを選びましょう。調理に使う鍋も味だけでなく、体調にもかかわってきます。オススメは土鍋と鉄鋳物のフライパン。同じ料理とは思えないほどおいしくなり、日々使っていると元気になってきます。精米器と七輪も、ぜひよいものを購入してください。

調味料

ニガリの少ないまろやかな塩

◆**白凝《おのころ》雫《しずく》塩《しお》（NORICA STYLE）**
淡路島の海水を使用し、鉄釜で約40時間薪火で炊きあげ、杉樽で寝かした塩。

◆**なずなの塩（なずなの会）**
大分県屈指の美しさを誇る間越《はざこ》海岸の海水を使用。「てんぴしお」と「あらしお」がある（会員優先で販売）。

自然栽培原料使用で天然醸造のみそ

◆**自然栽培玄米みそ 玄人（マルカワみそ）**
自家採種の蔵付き麹菌、自然栽培の大豆と玄米、天日湖塩を使用し、木桶で熟成。

自然農法原料使用の二年もののしょうゆ

◆**二年醸造しょうゆ（中村農園）**
無農薬・無肥料栽培の丸大豆と丸小麦を使用。杉樽仕込みで2年熟成させている。

じっくり熟成した無添加の薄口しょうゆ

◆**純正醤油うすくち（純正食品マルシマ）**
しょうゆ醸造歴４００年の小豆島で伝承された技術で、じっくり熟成させた本醸造しょうゆ。

伝統的醸造法で長期熟成したみりん

◆**有機三州味醂（角谷文治郎商店）**
国内産有機もち米と自社蔵仕込みの有機米焼酎を使用。加熱殺菌処理をしない生詰めの本格みりん。

◆**福来純三年熟成本みりん（白扇酒造）**
手作業で造られた米麹と自家醸造米焼酎を使用。90日仕込み、熟成に3年かけた琥珀色のみりん。

添加物・化学薬品不使用、無精製の植物油

◆**鹿児島産 黒ごま油（鹿北製油）**
無農薬・無化学肥料栽培の黒ごまを薪火で焙煎。石臼式玉締め法で搾油し、手すき和紙でろ過。

◆**国産菜たねサラダ畑（鹿北製油）**
無化学肥料栽培の非遺伝子組み換え菜種（九州・北海道産）を使用。伝統的な圧搾絞り製法。薬品無添加。

＊メーカー・販売元の連絡先は巻末に記載しています。

料理が抜群においしくなる料理酒

◆こんにちは料理酒（大木代吉本店）
天然のアミノ酸（うま味成分）が一般的な料理酒の5倍。うま味が違う生成りの料理専用酒。

自然農法米使用、天然菌で醸した酢

◆土のちから 純米酢（NORICA STYLE）
富山県産自家採種・無農薬・無施肥で栽培した米を使用し、蔵つき麹菌で醸し、土蔵で熟成。

無農薬・無肥料梅干しの副産物梅酢

◆真っ赤な梅酢（NORICA STYLE）
和歌山産の無農薬・無肥料栽培の梅干しを、自社農園産無施肥の赤じそで漬け込んでできた梅酢。

調理器具

素材の甘みとうま味を引き出す土鍋

◆マスタークック深鍋（健康綜合開発）
炊飯、汁もの、煮もの、鍋ものに重宝。ゆっくり加熱と遠赤外線の力でうま味に差が出る。耐熱衝撃温度はＪＩＳ規格の2倍以上。

◆マスタークック浅鍋（健康綜合開発）
炒めものもできる土鍋。きんぴらやしぐれみそ、玉ねぎ炒めなどが最高においしくできる。

◆けんこう片手鍋（健康綜合開発）
小サイズはごまをいったり、みりんを煮きるのに便利。大サイズは煮ものや汁もの、ゆでものに。

◆玄米飯炊釜（陰陽ライフ）
職人手作りの肉厚炊飯用土鍋。炭化焼き締め焼成法で内側が炭状に。水を浄化し、遠赤外線効果が高い。

無塗装で、熱を保持する厚手の鉄鋳物フライパン

◆NakedPan フライパン24㎝深型（及源鋳造）
南部鉄器のフライパンは、蓄熱量の高さが特徴。さらにNakedPanは無塗装鉄なので表面温度が高く、より油がなじみやすい。

米の劣化を防ぎ、均一に仕上げる精米器

◆細川製作所家庭用精米器ＣＥ８５１（NORICA STYLE）
業務用精米方式の「一回通し」を応用。米が割れにくく、温度上昇が少ない。

抜群の熱効率と耐久性を誇る切り出し七輪

◆正角七輪（丸和工業）
天然珪藻土を塊のまま切り出し、手彫りで成形、45時間焼く。保温断熱効率が高く、焼きものに最高！

若杉友子（わかすぎ・ともこ）

1937年大分県生まれ。静岡市で川の汚れを減らす石けん運動などを行うなかで、自然の野草のチカラに着目。食養を世に広めた桜沢如一の教えを学び、1989年、「命と暮らしを考える店・若杉」をオープン。1995年、自給自足の生活を実践すべく、京都府綾部市の上林地区に移住。

現在は故郷の大分県に移り、陰陽の考え方にもとづいた野草料理と、日本の気候風土に根ざした知恵を全国で伝え続けている。

著書に『野草の力をいただいて〜若杉ばあちゃん食養のおしえ』（五月書房）、『体温を上げる料理教室』（致知出版社）、『これを食べれば医者はいらない』（祥伝社）、『長生きしたけりゃ肉はたべるな』（幻冬舎）、『子宮を温める健康法』、『一汁一菜子育て法』（ともにWAVE出版）、『若杉ばあちゃんの食養相談室〜食い改めのススメ〜』、『若杉ばあちゃんの伝えたい食養料理』（ともにPARCO出版）などがある。

http://www.wakasugiba-chan.com

撮影／寺澤太郎
スタイリング／中里真理子
ブックデザイン／吉度天晴（よ・も・ぎ書店）
編集／吉度ちはる（よ・も・ぎ書店）
編集協力／若杉典加

料理製作アシスタント／若杉典加、齊藤志保、横山はるみ
協力／渡辺智子

若杉友子の毒消し料理

発行日 2017年3月30日 第1刷
2024年11月8日 第7刷

著者 若杉友子
発行人 小林大介
編集 堀江由美
発行所 PARCO出版
株式会社パルコ
東京都渋谷区宇田川町15-1
https://publishing.parco.jp
印刷・製本 TOPPANクロレ株式会社

ISBN978-4-86506-213-7 C2077
Printed in Japan

免責事項
本書のレシピについては、万全を期しておりますが、万が一、やけどやけが、機器の破損・損害などが生じた場合でも、著者および発行所は一切の責任を負いません。

落丁本・乱丁本は購入書店名を明記のうえ、小社編集部あてにお送りください。送料小社負担にてお取り替え致します。
〒150-0045 東京都渋谷区神泉町8-16 渋谷ファーストプレイス
パルコ出版 編集部

食材提供

ナチュラル・ハーモニー
TEL 03-3703-0091
http://www.naturalharmony.co.jp
サン・スマイル
TEL 049-264-1903
http://www.sunsmile.org
NORICA STYLE
TEL 0773-55-0779
http://www.noricastyle.com

調味料提供

マルカワみそ
TEL 0778-27-2111
http://marukawamiso.com
なずなジャパン
TEL 0974-32-7111
http://www.nazunanokai.com
中村農園
TEL&FAX 048-787-0405
（注文はFAXにて受付）
純正食品マルシマ
0120-931-877
http://www.maru-shop.jp
角谷文治郎商店
TEL 0566-41-0748
http://www.mikawamirin.com
白扇酒造
0120-873-976
http://www.hakusenshuzou.jp
鹿北製油
TEL 0995-74-1755
http://www.kahokuseiyu.co.jp
大木代吉本店
TEL 0248-42-2161
https://www.facebook.com
/ookidaikichi

協力

健康綜合開発
TEL 03-3354-3948
http://kenkosogo.jp
陰陽ライフ
TEL 04-7169-7871
http://inyolife.com
及源鋳造
TEL 0197-24-2411
http://oigen.jp
丸和工業
TEL 0768-82-5313
http://www.suzu.co.jp/maruwa
アースマーケットプレイス
TEL 043-248-5099
http://earthmarketplace.
blog23.fc2.com